Liberté insaisissable

Andreas Müller

Mentions Légales

Bibliografische Information der Deutschen Nationalbibliothek:
Die Deutsche Nationalbibliothek verzeichnet diese Publikation in der
Deutschen Nationalbibliografie; detaillierte bibliografische Daten
sind im Internet über www.dnb.de abrufbar.

La Couverture: Levin Sottru

Traduit de l'anglais par David Vendé

Herstellung und Verlag
BoD – Books on Demand, Norderstedt

ISBN 9783744834087

Pour
Nikhila and Soham
et
Tony and Claire

Avant-propos

Cher lecteur

Je suis content que vous ayez acheté ce livre, même s'il ne vous aidera pas. Le dilemme de ce livre est qu'il n'est pas écrit pour vous. Il n'est écrit ni pour vous, ni pour moi, ni pour l'usage de quiconque. C'est simplement "ce qui se produit" - l'apparence de l'unité, le sans-forme apparaissant en tant que livre, un corps, qui l'a apparemment acheté et qui est maintenant devant. C'est tout. c'est le sujet de ce livre : ce qui déjà est, et n'a pas besoin de description. C'est ce qu'il y a de plus ordinaire et de plus évident et pourtant, ce qui semble être le plus caché.

Le message de ce livre décrit une beauté que personne n'a jamais vu, une splendeur qui n'a jamais été expérimentée et une liberté qui n'a jamais été ressentie. Le parfum de liberté peut devenir évident - ou non. Cela n'a pas d'importance. Parce que quoi que ce soit, c'est le Tout apparaissant en tant que "ce qui apparaît".

Le message offert dans ce livre n'est pas personnel. Il n'y a pas de but, pas de sens, il n'y a pas d'"ici" vers "là-bas", pas d'intention, pas de "pour quelque chose". Il ne suit pas un projet.

Cependant, ce message peut révéler une réalité naturelle, une réalité sans limites. Une réalité qui est liberté et oui, en fait, c'est l'amour.

Si vous le cherchez vous ne le trouverez pas. Plus vous cherchez, plus votre quête peut devenir désespérée. Pourtant il n'y a pas de réponse à la quête. Ce qui pourrait être révélé est le fait qu'il n'y a pas de chercheur, que cette quête est illusoire, qu'il n'y a rien à chercher et rien à trouver. ce qui pourrait être révélé est le fait que ce jeu dans son intégralité - le chercheur, la quête et ce qui est cherché - est illusoire. Ce qui pourrait être révélé est qu'il n'y a pas plus de séparation qu'il n'y a de "vous" ni de "moi".

1

Le Samsara et le Nirvana sont un.
Vivre dans un monde est ce qui apparaît. Être un humain est ce qui
apparaît. Penser est ce qui apparaît, la vie apparaît.
Il n'y a pas de rêve d'échappatoire. Il n'y a pas de réalité séparée de
la réalité naturelle.
Il n'y a pas de progression au-delà, pas de frontière à traverser, pas
d'autre côté.
Il n'y a pas d'autre.
Il n'y a pas plus d'état d'illumination qu'il n'y a d'état de non-
illumination. Tous les états sont illusoires. Ce qui est n'est pas
multiple.
Pure unité.
L'un indivisible.

Introduction

Ce que j'ai découvert. Pourquoi j'écris ce livre. Pourquoi tout ceci se produit. Désolé, je ne sais pas. En fait, "je ne sais pas" est un peu superficiel, oui, même léger et ne fait vraiment qu'aborder le message en périphérie. le message de ce livre est qu'il n'y a pas de message. Il se pourrait que vous - ce qui s'éprouve soi-même en tant que quelque chose (une personne, un homme, une femme, grand, petit , etc) - soyez en quête de réponses. Peut être avez-vous des questions à propos de la vie. Peut-être même des questions soi-disantes profondes. Peut-être souhaitez-vous une méthode, une meilleure façon de traverser ce que vous appeler "la vie". Ou peut-être cherchez-vous, même désespérément : une réponse, "la" réponse. Une solution. Une issue. Peut-être attendez-vous la réponse d'un livre. Peut-être vous attendez-vous à trouver quelque chose dans ces pages. Quelque chose d'utile. quelque chose pour vous. Pour votre vie, votre sort, votre bonheur ou même votre illumination - peu importe la signification que vous lui donnez.

Je peux vous affirmer que cela n'arrivera pas. Vous ne pouvez trouver rien de tout cela, ni dans ce livre, ni nulle part ailleurs, simplement parce qu'il n'y a rien à trouver. Et par dessus tout, il n'y a personne pour chercher. Oui, il n'y a personne pour chercher, parce qu'il n'y a personne en vie. Le sentiment "je suis", le sentiment que vous êtes, que vous êtes réellement quelqu'un, une entité séparée, un être humain qui vit sur une planète appelée Terre, maintenant, en ce moment même, est illusoire. Oui, c'est tout à fait ça, "vous", au sens où vous êtes, au sens où "je suis réellement" est une illusion. Il n'y a pas de "je" et il n'y a pas de "vous". Cette structure énergétique dans son intégralité est une apparence, pas du tout réelle, hormis dans votre propre expérience qui, par conséquent, est également illusoire. C'est ce que j'appelle le rêve : "je suis quelqu'un (une personne) qui est consciente d'elle-même et qui connaît des choses (d'autres personnes, des situations, des sentiments, des sensations, une vie, pour n'en citer que quelques exemples)." J'appellerais ceci le rêve de la séparation. Dans ce rêve, vous êtes séparé de toutes les choses qui vous entourent. Dans votre expérience, c'est absolument clair - je dirais une réalité ressentie, énergétique - que vous êtes réel et que

3

tout ce qui semble être des choses séparées, est aussi réel. "le moi" vit dans une réalité sujet-objet, pas en tant que construction mentale, mais, ainsi que je l'ai déjà mentionné, en tant que réalité énergétique, ressentie. Cette réalité semble opérer au sein de paramètres distincts : le temps (vous avez un passé, un moment présent et, si Dieu le veut, un futur) et l'espace (vous êtes ici et non là-bas), le bien et le mal, le statut de celui qui fait et/ou celui de la victime, la responsabilité personnelle, le vrai le faux, le sens, la signification, la cause et l'effet et l'impression d'être sur un chemin - un chemin vers, espérons-le, un meilleur futur.

Ce qui semble aussi faire partie de ce rêve est un sentiment d'incomplétude. C'est le sentiment que "ce qui se produit" n'est pas suffisant. Ce n'est jamais tout à fait ça - en fait peu importe si "ce qui se produit" s'avère agréable ou non, profond ou non. Conjointement avec ce sentiment d'incomplétude, la quête commence. Et alors que "le moi" vit dans un rêve basé sur l'expérience de la réalité, il cherche quelque chose qu'il suppose être réel et satisfaisant : la chance, le bonheur, la paix, l'argent, plus d'argent, un meilleur partenaire, la paix, la paix dans le monde, la paix de l'esprit, la sagesse, la fin du moi, l'illumination, la transcendance, la fin de l'embouteillage, la réponse à la vie, le silence, l'amour parfait, la guérison,... peu importe ce qui est cherché, c'est quelque chose.

Dans le rêve de la séparation, il n'y a pas de découverte. S'éprouver soi-même signifie vivre dans le rêve de "je suis", qui signifie vivre dans un sentiment d'incomplétude, qui veut dire vivre dans une quête de l'unité. Ça ne va pas plus loin. Le "moi" ne peut pas trouver. Il ne trouvera jamais *ceci*. Jamais. La bonne nouvelle est que toute cette entreprise n'est pas réelle. Oui, vous - dans le sens de "je suis" - n'est pas réel. Y compris tous les paramètres dont votre monde semble être fait. Il n'y a pas de temps, pas d'espace, personne qui agit, pas de responsabilité, pas de sens, pas de signification, pas de cause, pas d'effet, pas de séparation, pas de réalité, pas de d'incomplétude, et par conséquent pas non plus de quête.

La mauvaise nouvelle est que vous n'obtiendrez jamais cela. Vous ne réaliserez, expérimenterez ou ne comprendrez jamais cela. En fait pour réaliser cela , vous devez mourir. Mais en fait, il est alors difficile de parler de réalisation. La libération n'est pas la mort de

4

quelques parties de vous ou de la mort de votre ego, non, c'est la mort de "vous" - la mort du sentiment "je suis". C'est ce que j'appellerais la libération.

La bonne nouvelle à ce propos est que, vous n'existez déjà pas. Ça signifie qu'en fait vous n'avez pas à mourir. Je veux dire, comment quelque chose qui n'existait pas en premier lieu pourrait mourir? Tout ce qu'il y a c'est l'unité. L'inconnu. Le rien qui apparaît en tant que ce qui apparaît. C'est déjà complet. Ce qui semble manquer - l'unité - n'est pas perdu. En fait, cela n'a jamais été le cas, parce que c'est ceci - ce qui apparaît. C'est lire ces lignes. C'est vous. Mais puisqu'il semble y avoir quelqu'un, une personne - quelqu'un qui expérimente - cela reste insatisfaisant, pas parce que c'est effectivement insatisfaisant, mais parce que c'est expérimenté. Simplement parce que "ce qui est" devient divisé - apparemment - dans une réalité sujet-objet. Simplement parce que il semble y avoir quelqu'un qui expérimente "ce qui se produit" en tant que quelque chose de séparé. Cependant tout cela est aussi l'unité. Cependant tout cela est aussi le rien apparaissant en tant que cet ensemble. C'est le miracle et c'est ce que le "moi" ne comprendra jamais.

La fin du "moi"

La fin du sentiment "je suis" révèle qu'il n'y a pas de "je" qui pourrait prendre fin. Cependant, la libération n'est pas réellement cette révélation, c'est la mort de cette instance apparente. En même temps c'est la fonte de quelque chose qui n'a jamais été séparé. Alors, pour décrire la libération, c'est plutôt un phénomène énergétique que, par exemple, l'effondrement de systèmes de croyance ou la transcendance de la pensée "je". Toutes ces activités semblent prendre place uniquement dans l'expérience du "moi". Dans ce cas elles peuvent provoquer des changements dans la perception du moi, cependant ce n'est pas la soi-disante mort du "moi".

Ce qui meurt avec "je suis" c'est la réalité sujet-objet dans laquelle le moi apparent vit. On pourrait dire, que dans la libération le soi-disant "intérieur" et le soi-disant "extérieur" meurent tous les deux. Toutes les fondations de l'expérience, de la perception et de la conscience s'effondrent et se fondent dans l'inconnu. C'est la fin de la réalité artificielle de la présence et donc la fin des "choses", respectivement le rêve qu'il y a des choses réelles, un processus et ainsi de suite. Car il n'y a jamais eu de "choses". Il n'y a jamais eu de choses séparées. il n'y a jamais eu de "choses à moi" ni aucune autres choses. Ce qui reste est indescriptible. C'est indescriptible, simplement parce qu'il ne reste plus personne pour pouvoir le décrire. Il ne reste plus personne qui expérimente l'unité (qui d'ailleurs ne serait alors plus l'unité) et qui pourrait encore moins savoir ce que c'est. Oui, il ne reste plus personne pour savoir ce que c'est. C'est la liberté. Ce qui reste c'est la vie telle qu'elle est. Ce qui reste c'est l'inconnu - rien. Insaisissable ordinaire, juteux et saturé, extraordinaire dans sa simplicité. C'est ceci - ce qui déjà est. Ce qui est constamment négligé par le "je".

Ce qui reste c'est lire un livre. C'est la liberté.

Sens et signification

Tout cela n'a aucun sens. Cela peut sembler en avoir un pendant un temps, mais cela n'en a pas. Il n'y a aucune signification dans tout ceci. Il n'y a même aucun sens dans le fait qu'il n'y a aucun sens. Ce qui est - le rien apparaissant en tant que ce qui apparaît (lire ces lignes) ne requiert aucun sens pour être tel que c'est. C'est en fait sa liberté. Vous pouvez lire ce livre sans que ce soit nécessairement utile. Cela n'a pas besoin d'être sensé pour que vous lisiez ces lignes. En fait cela ne peut pas avoir de sens : lire ces lignes est tout ce qui est. C'est tout. C'est le tout. Alors pourquoi cela devrait-il faire sens ? Pour qui ? Rien dans ce livre n'a de signification. Aucune de ces phrases ne signifie quelque chose, dans le sens où vous pourriez l'utiliser. Vous pouvez essayer, mais vous ne pourrez pas. Ce qui est véhiculé ici n'est pas la connaissance. Ce n'est pas écrit pour que vous l'utilisiez afin de rendre votre vie meilleure ou pour que vous deveniez illuminé. L'unité est tout ce qui est - et c'est étonnamment ce qui apparaît. Vous en train de lire ces lignes est l'unité. Vous en train de lire ces lignes est le rien. C'est "ceci".

Qui pourrait avoir besoin d'une quelconque signification à partir de ce qui a été lu. Qui pourrait l'utiliser ? Et pour quoi, si ce qui apparaît est déjà tout ce qui est ?

Je n'ai pas trouvé

Je n'ai pas trouvé ce que je cherchais. Je cherchais l'amour, la paix, l'extase, le soulagement, la félicité - et j'ai échoué. Même s'il semble que j'ai expérimenté beaucoup de ces choses, la quête n'a pas cessé. Je ne suis jamais arrivé définitivement à aucun de ces états. Et tandis que je ne cessais de chercher ce qui m'apporterait - du moins c'est ce que je pensais - l'épanouissement, j'ai disparu. Et comme je disparaissais il devint évident qu'il n'y avait personne pour disparaître. Comme je disparaissais, le rêve que j'ai jamais été là en premier lieu s'évanouit. C'est la libération. L'explosion énergétique, soudaine, "je suis" dans le rien et la constatation que personne n'explose. La fin apparente du moi fut la fin apparente de la quête.

Le chercheur doit échouer. Toute quête doit échouer - il ne peut en être autrement parce que ce n'est pas réel. Rien n'est perdu. C'est pourquoi rien ne peut être trouvé. La séparation est illusoire - rien n'existe, ni le chercheur ni ce qui est cherché. Il n'y a pas de "je suis" et il n'y a pas d'états.

C'est la liberté.

Aucun chemin

Il n'y a aucun chemin pour l'obtenir. Il n'y a pas de chemin pour comprendre ce message. il n'y a pas de chemin pour réaliser ce message. Il n'y a personne pour pouvoir le faire. Celui qui s'éprouve lui-même comme existant, est illusoire. Celui-ci n'existe pas. Celui-ci, également, est l'unité apparaissant en tant que celui qui ne réalisera jamais qu'il est l'unité. Vous pensez que c'est une plaisanterie ? Moi aussi.

Il n'y a pas de chemin pour réaliser l'unité, parce que tout ce qui est est l'unité. Ceci - ce qui se produit apparemment - est la réalisation parfaite de l'unité. C'est déjà réalisé. Le dilemme, dans tout ceci, c'est vous. Mais en fait, puisque vous vous n'existez pas, il n'y a pas de dilemme.

Dieu est aveugle

Dieu est absolument aveugle. C'est pourquoi il ne voit aucune différence. Il ne regarde nulle part. Il exécute cette danse sauvage de l'existence tout en donnant et prenant ce qu'il veut. Il n'y a pas d'équité en cela. Il n'y a pas de "justice" en cela. La seule justice est que toute cette existence est Dieu lui-même. Où que vous soyez né, quoique vous pensiez, quelque soit votre structure émotionnelle, psychologique et physique, c'est Dieu apparaissant en tant que ceci. Quoique vous ayez décidé, quoique vous ayez foiré, et quoique vous ayez réussi, c'est tout ceci. C'est autant Dieu apparaissant en tant que ce qu'il apparaît que le sentiment d'individualité. Aucun n'est réel. Aucun n'est séparé de l'existence et n'a de signification. C'est l'énergie libre, sauvage exécutant sa danse magnifique.

C'est ceci. C'est la danse. Ceci - ce qui apparaît. C'est l'inconnu, sans différenciation, sans connaissance, pure, l'Être innocent - immaculé, non-dirigé, sans but. Flottant ainsi.

Dieu ne voit pas tout. Dieu est tout !

L'ordinaire

Bien que la libération apparente est un changement dramatique dans l'histoire de la personne - c'est sa propre fin - elle révèle quelque chose de très ordinaire : l'un-séparation, qui est la réalité naturelle, non duelle. Important : la réalité est déjà rien et non duelle. Elle n'a pas et ne peut pas être atteinte par vous, en fait, aussi longtemps que vous êtes, vous vivrez dans le rêve de la séparation - et la non-dualité demeurera simplement cachée. C'est le dilemme : la seule chose que " vous" faites - en fait, c'est l'unité qui le fait, c'est de vous éprouver en tant que quelque chose, qui est séparé.

C'est tout ce que fait le "moi" : s'extraire lui-même de "ce qui est ". En faisant ainsi, il divise artificiellement l'unité en une réalité sujet-objet - seulement en apparence, bien sûr, parce que c'est toujours l'unité apparaissant en tant que ceci. C'est le rêve, qui, pour le moi apparent, est une expérience ressentie, dont il ne peut s'échapper. C'est pourquoi, vous ne l'obtiendrez jamais. Vous ne deviendrez jamais libéré. Et pourtant, vous êtes la libération.

Le processus

Soyons clairs à ce sujet : il n'y a pas de processus! Il n'y a pas de processus vers la libération. Si vous voulez y parvenir et que vous insinuez qu'il y a un processus, le processus est - comme tout autre chose - apparent. C'est le moi apparent, qui s'éprouve lui-même comme étant sur un chemin. Sur le chemin apparent, il suppose qu'il est dans un processus de développement. Dans ce rêve de développement, le moi apparent suppose que les choses vont aller de mieux en mieux, ce qui veut dire la convergence vers un état supérieur de conscience, l'illumination, la libération ou plus simplement le prochain changement dans sa carrière. Assez curieusement, tout ceci semble apparemment bien se passer, prouve au "moi" qu'il est sur la bonne voie, avec tout ce qui semble mal se dérouler - ou au moins aller à l'encontre de ses plans - il commence à douter de lui-même et de la voie sur laquelle il suppose être. En fait, c'est amusant la manière avec laquelle le moi ajoute son rêve de développement personnel, alors que les choses se produisent seulement en apparence, en dehors du temps et du bien et du mal. Donc le pire et le meilleur appartiennent aussi au rêve de "je suis" - ils n'ont pas de réalité propre. C'est certain, cela ne s'améliore pas. C'est déjà le mieux qui puisse se produire.

Le changement - qui est aussi apparent - peut prendre des années ou se produire dans l'instant. En fait, bien sûr, l'effondrement final se produit instantanément , mais si ça prend du temps, il semble être un processus - du moins pour le moi apparent. Ce changement n'a rien a voir avec le moi apparent. On ne peut pas le provoquer, ni s'en prémunir ou le ralentir. Rien de ce que vous faites et rien de ce que vous abandonnez, ne fera en sorte que cela se produise. En fait, si l'effondrement du moi se produit, c'est de manière énergétique. C'est quelque chose qui vous arrive à vous! Et pas dans votre expérience. Ça n'arrive pas à la personnalité, à l'ego ou au corps. Non, cela arrive à votre sentiment d'être ! Votre être apparent le plus profond. La "chose" qui s'éprouve lui-même comme vivant... : Vous.

La promesse

Il y a cette grande promesse dans laquelle le moi apparent vit : Un sentiment subtil de "le meilleur reste à venir". Il vit dans ce sentiment profond que sa vie apparente le mène vers une vie qui sera sans aucun doute meilleure. Il suppose qu'il lui arrivera encore quelque chose de "waouh". Quelque chose qui va vraiment le secouer.

Si le "meilleur" ou "ceci" semble être plus près, si tout semble être sur la bonne voie, le moi apparent est très heureux, se félicite que tout se passe bien. Si ça ne marche pas comme il l'espérait, si cette promesse n'est pas tenue, il souffre, même profondément.

C'est un rêve. Rien n'arrivera. Il n'y a pas de futur. il n'y a pas de moment d'après. Lire ces lignes est "ceci". Il n'y a rien d'autre. Ceci est le meilleur. C'est déjà le cas.

L'illusion de "vous" demeure

La libération est la même chose que votre fin, alors vous ne survivrez pas. Vous ne survivrez pas à votre fin, contrairement à ce que le moi croit en quelque sorte. Il veut se perdre pour jouir de sa propre absence.

La libération se produit vraiment pour personne, ce qui signifie que vous ne survivrez pas. Vous ne survivrez pas à la libération. Même si cela sonne un petit peu tragique, ce n'est pas si grave. Parce que lorsque ça se produit, il s'avère que "vous" n'avait jamais existé. Alors il n'y a pas de quoi s'inquiéter.

Le souffle

La libération est la mort. Ce n'est pas une vision pénétrante ou une expérience dans le rêve de "je suis". C'est la fin énergétique de celui qui fait l'expérience.

C'est comme le souffle. Peu importe à quel point le combat a été intense avant, le dernier souffle est totalement paisible. C'est la relaxation totale. Tout le fardeau du "moi" se dissous. Ce n'est pas vous qui vous relaxez. Ce n'est pas vous qui rendez votre dernier soupire - c'est la vie qui vous expire. Et ceci, aussi, est paisible et complet. C'est la mort dans l'inconnu. Personne ne meurt, parce que personne ne vit. La mort n'est pas un moment de mort - c'est l'intemporel. La libération n'est pas un moment de libération - c'est l'intemporel.

La mort

Personne ne meurt. Il n'y a pas de processus de mort. Il n'y a pas de processus d'éveil. Tout ceci a lieu dans le rêve de "je suis", dans le rêve de la conscience et de la perception. C'est le "moi" apparent qui croit être sur un chemin - un chemin qui le conduira au bonheur final. La libération n'est pas la fin du chemin. La libération n'est pas l'accomplissement victorieuse de votre carrière spirituelle. C'est la fin de "vous" - la fin de ce qui se croyait être sur un chemin. Celui qui croit que l'unité sera dans un futur quelconque. La libération c'est quand il n'y a plus de personne libérée. La libération c'est quand l'histoire de la libération s'évanouit. La libération c'est quand le rêve de "je suis" prend fin.

Peut-il vraiment finir ? - non, ce n'est pas possible. En fait, rien ne meurt. Rien ne change. Tout ce qui est et a toujours été, c'est l'unité. C'est le rien. Et tandis que le moi apparent court dans tous les sens pour chercher quelque chose - la libération, la sagesse, la félicité, l'amour, le silence - il néglige que tout ce qui est est le rien. Tandis qu'il attend que quelque chose se produise, il néglige que c'est déjà là et tandis qu'il essaie de trouver "ceci" "là-bas" il néglige le fait que ce n'est même pas "là-bas". C'est nulle part.

La libération est un rêve. Il n'y a pas de libération. Vous ne vous éveillerez pas. Vous ne pouvez pas. D'ailleurs vous n'avez pas à le faire. C'est la liberté.

L'hémorragie

Même si cela ne se passe pas forcément ainsi, des personnes apparentes passent par une période d'hémorragie. Au début il y a des contractions musculaires en permanence, mais puisque l'incision a été faite, le sang s'écoule. Au fil du temps les contractions musculaires semblent s'atténuer, sans que cela vienne d'un choix. Pas parce qu'on en arrive à une sagesse de l'acceptation. Non, les contractions musculaires s'atténuent parce qu'il n'y a pas de choix. Cela s'atténue parce qu'il n'y a pas d'autre possibilité. Oui, il se peut qu'il y ait de la révolte. Oui, les contractions musculaires peuvent s'intensifier ou s'atténuer. Cela peut aussi changer. Cependant, à un moment donné c'est fini. Un peu de sang peut encore circuler, mais aucun mouvement n'est possible. Une trêve, peut-être de l'attente au début. A un moment donné, il n'y a même plus l'énergie d'attendre. Et ensuite, tandis que les dernières gouttes s'écoulent, il y a...ceci.

L'Au-delà ?

Ce qui reste après la libération c'est le jaillissement de la vie. La beauté de l'existence, qui est une beauté inaccessible pour le moi apparent. C'est inaccessible parce que cela ne fait pas partie d'une expérience personnelle, ce n'est pas un sentiment agréable parmi d'autres; non, en fait, cette beauté est "dans" tout. Assurément c'est la beauté de Dieu, la beauté du rien - cruelle et impitoyable, aussi bien crue que gracieuse et douce. Elle ne connaît pas le bien et le mal et ne donne pas non plus de sens à ce qui est agréable ou désagréable.

Les religions

Toutes les religions, toutes les philosophies, la spiritualité, les gourous de la santé, les conseils familiaux ou financiers sont basés sur le postulat qu'il y a quelqu'un - une personne réelle qui est séparée de la vie, qui d'une certaine manière a besoin de trouver un chemin pour traverser les hauts et les bas de la vie. A chaque coin de rue on peut trouver quelqu'un pour crier ce qui est le mieux pour vous. Être spirituel, ouvrir votre cœur, manger végétarien, manger de la viande, parler de vos émotions, faire des réserves, ne pas faire des réserves, faire preuve d'amour, poser des limites, etc... C'est sans fin.

Espérant trouver le meilleur chemin, le "moi" écoute, essaie ceci et cela, jongle constamment avec "les choses à faire" jusqu'à épuisement, en essayant d'équilibrer sa vie, de gérer pour le mieux. Pourtant il n'y a personne. Et pourtant il n'y a pas de chose telle qu'une vie qui existe dans le temps et l'espace. Il n'y a pas de rivière de la vie descendant le cours du temps, l'espace et la réalité. Il n'y a rien pour traverser tout ceci. Vous ne pouvez pas réussir ou échouer. Vous ne pouvez pas le faire. Il n'y a tout simplement pas de "vous". Alors la question comment pourriez vous le faire ne surgit même pas. A qui serait-elle posée ? Qui veut réussir ? Un fantôme. Une illusion qui veut naviguer au milieu d'une vie illusoire. C'est ce que "vous" êtes et ce que "vous" faites. Apparemment.

Les religions 2

Toutes les religions semblent provenir de la tentative de réaliser ce message. Toutes les religions semblent se concentrer sur l'un des aspects apparents de ce message. Le christianisme essaie de réaliser l'amour; le bouddhisme aussi, peut-être, apparemment, de manière un peu plus impersonnelle; l' Hindouisme semble mettre l'accent sur la dévotion et la neutralité. Cependant, en ce qui concerne la libération, bien sûr, toutes échouent.
Ce message n'a pas à être réalisé. Il ne peut pas être réalisé. Vous n'avez pas à devenir personne, parce que déjà il n'y a personne. Vous n'avez pas à devenir dénué de jugements parce que "ce qui apparaît" est déjà "non-jugé". Vous n'avez pas à aimer de manière absolue, parce que tout ce qui est, est l'amour. En fait, c'est impossible de devenir ou de réaliser l'une de ces choses - en fait la tentative de "faire" ces choses semble remettre en question leur existence intrinsèque. Réalisées par "moi", elles sont de toute évidence artificielles - ou du moins au sein d'une réalité artificielle dans laquelle le "moi" apparent semble vivre.
La liberté, qui est offerte, est incroyablement sans limites. C'est d'ailleurs déjà le cas. Chaque tentative de l'atteindre est aussi cette

liberté elle-même. Cependant, aucune tentative n'amènera plus de liberté. En ce sens, la liberté est impersonnelle, elle n'appartient à personne. Elle n'est la propriété de personne. Il n'y a rien que vous puissiez faire. Il n'y a rien que vous ne puissiez utiliser. C'est, pour ainsi dire votre nature ; en fait, c'est tout ce qui est.

La religion, y compris toutes les spiritualités, est une tentative du "moi" apparent de réaliser l'unité. C'est mignon, aussi arrogant que futile et absurde. Le rêve c'est d'avoir quitter l'unité. Le rêve c'est d'être quelqu'un. Comme la séparation est illusoire, la simple tentative d'accomplir l'unité est forcément futile. L'unité ne peut être atteinte. Pas parce qu'elle est trop loin ; non, elle ne peut être atteinte parce que c'est déjà tout ce qui est.

Enseignants & Gourous

Il y a beaucoup de gens qui font la promotion d'un événement - d'un événement ou d'un processus de libération, d'éveil, d'illumination, de guérison (qui consiste en de multiple petits moments de guérisons) et ainsi de suite. Mais il n'y a pas plus d'événement que de processus de libération. Ils font partie de l'expérience de "je suis". Ainsi est le rêve. C'est qu'il y a un"je"réel et qu'il y a réellement quelque chose qui se passe.

Ce qui est expérimenté en tant que réel est en fait extraordinaire. Ce qui est expérimenté en tant que connu et inconnu. Ce qui est expérimenté en tant que "ce n'est pas ça", c'est tout ce qui est. Bien sûr pour personne.

A faire

On vous donne beaucoup de chose à faire ou à devenir : plus ouvert, plus aimant, plus tolérant, plus vulnérable, plus pur, plus conscient, plus volontaire, plus "présent" - ce qui est réellement le plus ridicule - pour devenir plus complet . En meilleur santé, intégré, courageux, confiant et bien plus encore. Tout cela, pour vous, c'est donc pour quelqu'un qui n'existe pas. Tout cela est de votre responsabilité, ce qui signifie que vous pouvez et devez le faire. Vous êtes responsable de vos pensées. Vous êtes responsable de vos sentiments, de votre comportement. C'est ce dont il s'agit quand on parle de développement personnel : un changement personnel et un accomplissement personnel.

Mais il n'y a personne. Il n'y a pas de personne qui peut faire tout ceci et il n'y a pas de personne qui doit faire tout ceci. Tel est le rêve : que vous êtes quelqu'un et que vous avez perdu quelque chose. C'est l'illusion concernant ces suggestions : que vous obtiendrez quelque chose en remplissant l'une de ces conditions. Cette promesse ne sera jamais tenue. Dans l'histoire, quelques résultats peuvent apparaître, cependant la promesse finale, sous-jacente que toutes ces suggestions impliquent - d'accomplir l'épanouissement - ne sera jamais tenue. "Je suis", séparé est un rêve. C'est une réalité rêvée, une réalité qui elle-même n'est pas réelle .

Gourous & enseignants

Les enseignants spirituels enseignent l'illumination comme si c'était quelque chose que vous pouviez obtenir. Quelle illusion puisque "ce qui est" est la liberté parfaite et parfaitement éclairée. S'il y a quelque chose qui prétend se trouver entre vous et la liberté, un traumatisme, un mauvais comportement, être éparpillé, ce n'est pas ce dont on parle ici. Rien n'est jamais séparé et rien ne se trouve entre vous et la liberté. Tout ce qui est, est la liberté; complètement libre et sans limites, déjà complète, mais impersonnelle.

La liberté personnelle est relative et conditionnée aux circonstances. Elle a besoin de comparaison, d'un chemin et d'une direction, du bien et du mal - il n'y a rien de mal à cela, mais c'est illusoire. Il n'y a pas de personne libre puisque la personne elle-même est pure apparence, totalement reliée à rien : en fait, chaque personne n'est que le rien apparaissant en tant que personne.

Alors, quelle liberté la personne cherche-t-elle ? - Une liberté illusoire. Est- ce que c'est mal - Non, c'est la liberté apparaissant en tant que ceci. Y aura-t-il accomplissement dans l'expérience "je suis" ? - Non.

Est-ce que c'est mal ? - Non, c'est la liberté, apparaissant en tant que cela. La liberté que la personne cherche est illusoire, parce que la personne elle-même est illusoire. Rien ne sera jamais trouvé.

Alors, il n'y a pas de liberté ? - non, il n'y en a pas. Tout ce qui est, est le rien, totalement libre d'apparaître sous n'importe quelle forme et complètement limité à cette forme. C'est la liberté, la liberté qui déjà est.

Puisqu'il n'y a personne, il n'y a pas plus de servitude que de libération.

Des enseignants se réfèrent à l'éveil en tant que processus continu. En fait, personne ne s'éveille. Le processus auquel ils se réfèrent est illusoire. Ce qui reste au final, c'est simplement "ce qui est": Le rien qui apparaît en tant que ce qui apparaît. Ce qui en fait est "ce qui est" : Le rien apparaissant en tant que le sentiment d'être une personne qui croit elle-même être dans un processus d'éveil. mais ce processus est illusoire tout comme la personne.

La conscience

C'est "vous". C'est "je suis". C'est la première notion de la conscience qui est déjà séparée. Le premier soupçon de présence et le jeu commence. Le jeu de "je suis". Le jeu de la séparation. Le jeu du temps et de l'espace, le jeu de la réalité. Cela se produit quand la séparation commence. Quand le désir commence. Et avec lui, la quête. C'est l'histoire de la conscience.

La conscience 2

La conscience est une ruse. L'idée du "moi" qui doit cultiver la conscience en apprenant à être de plus en plus conscient est tout simplement futile. Ce qui se produit en fait c'est que en essayant d'être " de plus en plus" conscient, il crée un état de présence accrue qui en fait, est la même chose que de créer un sentiment accru de séparation. La conscience et la perception sont « des outils » du moi apparent pour rester séparé. Quelle plaisanterie - « le moi » croit qu'il va défaire la séparation grâce à une présence accrue alors que cette présence apparente « crée » l'impression d'être séparé. Certaines personnes apparentes disent " la conscience est tout ce qui est". Oui, c'est le jaillissement de la vie qui est le rien, c'est tout ce qui est. Personne n'a besoin de réaliser le jaillissement de la vie. Personne ne peut réaliser le jaillissement de la vie. C'est déjà tout ce qui est.

Ici- et- maintenant (une petite étape)

Il n'y a pas d'ici-et-maintenant de même qu'il n'y a personne qui peut choisir d'être ici-et-maintenant. C'est impossible, assurément, et absolument non requis.

Chaque étape contient l'histoire dans son intégralité. Chaque étape que vous êtes sensé franchir, contient l'histoire de la séparation, peut importe que ce soit un chemin de plusieurs existences et des millions d'étapes ou que ce soit une seule petite étape. Peu importe que vous ayez à résoudre tout le traumatisme de l'enfance ou que vous ayez à vous plonger dans un traumatisme intermédiaire. Toutes ces suggestions sont basées sur l'idée que vous êtes et que vous avez à...faire ou être quelque chose.

Récemment, on pouvait lire des choses comme "Vous ne pouvez rien faire pour devenir illuminé mais vous pouvez arrêter." Non, vous ne pouvez pas ! Qui est là pour arrêter ? Qui est sur un chemin ? Qui est là pour...faire ou ne rien faire. Il n'y a personne Toutes ces suggestions sont futiles, parce qu'elles sont jouées dans le rôle de la séparation. Réaliser l'ici-et-maintenant ? Bonne chance. Arrêter ? Bonne chance. C'est futile. On ne peut pas atteindre le tout, parce que la séparation n'est pas réelle. Honnêtement, c'est complètement simple, mais ce n'est pas à réaliser.

Les décisions ?

Le dilemme du moi apparent c'est qu'il expérimente "ce qui se produit" dans la séparation ce qui par conséquent est insatisfaisant. Il suppose que l'unité viendra dans le futur. Ceci étant, il semble être terriblement important d'agir maintenant de façon appropriée pour atteindre le but. Les décisions semblent très importantes parce qu'elles permettent d'être heureux dans le futur, ce qui d'ailleurs est le seul moment où le moi est heureux.

Cependant, le futur n'arrive jamais, simplement parce qu'il n'y a pas de futur. Tout ce que le moi apparent semble faire c'est vivre dans l'insatisfaction et travailler sur son sort futur. Le futur ne viendra jamais, mais le "moi" ne cessera de le préparer.

Pour que les décisions se prennent, il n'y a besoin de personne. Et ce qui est sûr, c'est qu'elles n'ont pas besoin de vous. Il n'y a pas d'illumination future, il n'y a pas de but dans le futur. "Ce qui est" est déjà joyeux. Pour rien. Y compris les décisions.

L'approche

Tout ce que le moi apparent peut apparemment faire, c'est parler de la non-dualité. Il parle de la non-dualité comme étant quelque chose, une vérité, un concept qui peut être connu et dont on peut parler. Mais il n' y a rien de tout cela. Il n'y a pas plus de vérité que de concept de « non-dualité ». Il n'y a rien qu'on puisse appeler « non-dualité ».

Ceci n'est pas une approche de la non-dualité. Il n'y a pas d'approche de non-dualité parce qu'il n'y a pas de non-dualité. Tout ce qu'il y a c'est ceci : l'inconnu - qui peut être décrit, par personne évidemment, comme étant non-duel - apparaissant en tant que cela. Et cela (l'inconnu apparaissant en tant que ce qui apparaît) ne peut être approché. Comment serait-ce possible ? C'est le rien et tout ce qui est. Toutes les idées d'approche surgissent apparemment dans le rêve de la séparation, dans le rêve de « l'autre ». Un autre état, un autre moment, quelque chose qui est censé être meilleur, plus entier. Et parce que cet autre n'est pas déjà présent, on doit s'en approcher. Quelle illusion. Quelle immense idée fausse – basée sur l'idée et l'expérience que « ceci » n'est pas tout ce qui est.

Il n'y a pas d'approche. Il ne peut pas y en avoir. Sauf dans le rêve de la séparation.

Des hauts et des bas

Le « moi » monte très haut et descend aussi très bas dans ses histoires. C'est le fardeau de vivre dans la réalité : le paradis, l'enfer et l'impression, en quelque sorte de vivre dans ce paradis et cet enfer. L'impression de jouer un rôle dans la vie. Tel est le rêve.

Il n'y a personne. Il n'y a personne dans le paradis et il n'y a personne en enfer. Il n'y a pas de paradis réel ni d'enfer réel – il y a simplement l'inconnu apparaissant en tant que cela. Ça ne rend pas l'enfer moins douloureux. La douleur apparente de l'enfer est aussi complète et vivante que la joie du paradis. Ce n'est pas mort, c'est très vivant, car c'est le jaillissement de la vie elle-même. C'est la liberté.

Le besoin du bien

Le moi apparent vit dans le besoin. Il est en permanence insatisfait – il ne peut en être autrement. L'un de ses besoins est le besoin du « bien ». C'est pourquoi de nombreuses écoles religieuses et spirituelles font signe vers ce qui est « bien » ou du moins vers un but plus grand. Cela peut être votre illumination personnelle, l'amour grandissant et le bonheur ou l'avancée de l'humanité vers une époque d'éveil général. La croyance et l'espoir du « moi » dans le bien semble être inébranlable, au moins aussi longtemps que ses rêves coïncident avec « ce qui apparaît » : La colère, un comportement apparemment dénué d'amour, les combats ou les guerres. Ensuite tous les mécanismes de répression semblent se mettre en action. Ce qui semble aider à sortir de cette misère c'est l'idée d'un plan supérieur de Dieu. "je ne sais pas pour quoi c'est bien, mais je suis sûr que ça l'est."

Le rêve du « moi » d'être requis en tant que créateur actif et conscient de l'amour et de la paix est une illusion complète – le christianisme a essayé de répandre la paix pendant près d'un millénaire entier, avec disons un succès contestable. C'est l'échec et ce sera toujours ainsi. Vous ne pouvez pas rendre « ceci » bien. Vous ne pouvez pas rendre « ce qui apparaît » bon. Vous ne pouvez pas le rendre bien, parce que cela n'a pas besoin d'être bien. Cela n'a pas besoin de devenir bien dans le sens où le « moi » apparent l'entend. Vous ne pouvez pas le rendre bien, parce que ça l'est déjà. Encore une fois, bien sûr, pas le « bien » que le moi apparent pourrait approuver. C'est bien – tel que c'est ! C'est déjà le tout, ce qui est au-delà d'une quelconque idée du mal. Le bien et le mal, dans ce sens, n'existent pas – ils font partie du rêve de « je suis ». Sans le moi ce qui reste c'est le tout sans personne pour le percevoir.

Le moi apparent désire connaître cela. Il espère tellement qu'un jour, il puisse dire, comme Dieu, quand le ciel s'est ouvert sur Jésus, « Maintenant, je vois que c'est bien . » et qu'à partir de ce moment il pourra évoluer dans cette réalisation.

Tel est le rêve. « Je suis » ne réalisera jamais cela – et même s'il y a des expériences d'amour et de grandeur – au final il ne pourra jamais savoir que « ceci » est tout ce qui est.

Absolution

La mort du moi est la rédemption du péché. Aussi longtemps que vous êtes là, il y aura péché, respectivement le rêve du péché. L'idée du péché va avec l'idée du faiseur, ce qui, dans le rêve de « je suis » n'est pas seulement une idée, c'est une expérience pénétrante. Avec le faiseur, le péché et l'idée de choix, la fierté et la culpabilité surgissent. « Je suis » peut facilement être les deux – un pêcheur et un héros. Dieu et le diable. Seule la mort soulage du fardeau du faiseur. Seule la mort soulage du fardeau du péché et du fardeau de la culpabilité. Quand le moi meurt, personne ne meurt. Le moi n'a jamais existé tout comme le faiseur et le choix n'a jamais existé. Il n'y a pas d'absolution, parce que personne n'a jamais péché. Tout est déjà absous. Toutes les actions sont défaites puisqu'il n'y a personne pour les faire. Pas de faiseur, pas de choix, pas d'actions, pas de péché. La libération meurt sur la croix de la vie. Quand l'idée de

Dieu est dissoute, quand toute aide et tout espoir ont disparu, personne à part vous pour s'accrocher à la croix de l'existence, les bras contraints d'être écartés, le cœur brisé, tendu vers le ciel, en criant silencieusement : « Maintenant prends moi ! » C'est la libération. Quand vous êtes incapable de faire un pas, pressé vers la croix. Ensuite la mort.

Quel départ, n'est-ce pas ? La vie vous prend, vous tue quand elle le veut. Que vous le vouliez ou non, cela n'a pas d'importance. Personne ne vous le demande. Alors pourquoi ? Vous n'existez pas.

Comment ?

Comment quelque chose qui n'existe pas pourrait trouver la véritable plénitude ? Et comment cette chose non-existante pourrait trouver la plénitude dans quelque chose qui n'existe pas non plus ?

Je suppose que, à cause de cette impossibilité, des gourous enseignent « arriver dans le moment présent ». Mais en fait c'est le même jeu. Comment quelque chose, qui n'existe pas, peut arriver quelque part, qui n'existe pas? Toute arrivée est illusoire et prend place dans l'histoire du moi. Parce que, oui, dans l'expérience de « je suis » - surtout dans celle de l'avancée spirituelle, de l'illumination et de l'éveil – il peut y avoir un sentiment de vivre moment après moment. Mais puisqu'il y a apparemment encore quelqu'un pour expérimenter un moment, il reste insatisfait et a besoin du salut. Il a encore besoin d'un pas pour que ce moment soit complet, c'est à dire pour que le moi y arrive. Il n'y rien de mal à cela, mais cela vient encore d'une perspective personnelle et par conséquent, de toute évidence, c'est un enseignement du devenir, dans lequel quelque chose doit de produire pour que cet instant soit entier.

Dans la libération, il n'y a pas d'arrivée. Personne n'arrive nulle part. Personne n'avance d'un pas. Personne n'a à...quoique ce soit.

Où aller ?

Le dilemme est que non seulement le chemin spirituel ne mène nulle part, non, mais aussi qu'aucun chemin ne mène à sa destination supposée. Bien sûr, dans le rêve, le succès apparent peut se produire – comme cinq minutes de silence dans votre tête ou une atmosphère plus paisible dans votre famille, un salaire plus élevé – mais, tout cela change dans votre expérience. Mais comme nous l'avons déjà compris, tout ce qui demeure dans votre expérience reste insatisfaisant. Par le simple fait que vous en faites l'expérience. Alors, quelle est la sortie, pourriez vous demander. Je vous le dis, il n'y en a aucune. Il n'y a pas d'échappatoire. Du moins pas pour vous. Raconter une histoire serait de dire que vous devez mourir. Pour être honnête avec vous, vous n'existez tout simplement pas. Pas plus que moi, évidemment. Ce qui rend le fait de mourir impossible. Oui, la plénitude, que vous cherchez, la plénitude que vous supposez être quelque part, à un moment donné dans le futur n'existe pas, simplement parce que celui qui la suppose est déjà illusoire.

Que faire ?

Rien. Qui pourrait faire ou ne pas faire ? Vous voyez, vous êtes déjà en train de supposer qu'il y a quelqu'un et qui en plus pourrait choisir de faire A ou B. Tel est le rêve : que vous êtes – avec toutes les conséquences apparentes, comme avoir une vie, avoir un futur, disposer d'un libre-arbitre, avoir, avoir, avoir, savoir, savoir, savoir. Encore une fois : Il n'y a personne. :-)

Rien n'est requis

Il n'est pas nécessaire que quelque chose se produise. N'est- est-ce pas merveilleux ? Ce n'est pour l'usage de personne, personne n'est concerné par un meilleur résultat. Libre de raison et de sens, de direction et d'attention, libre d'objectif. C'est déjà entier et plein, complètement vibrant, dynamique et vivant. L'apparence elle-même est pure magnificence – rien n'est requis pour cela. Rien n'est requis pour que cela se produise. Il n'y a pas besoin de quoique ce soit pour que cela se produise.

La réalisation

"Ce qui est" - tout ce qui est - n'a pas besoin d'une quelconque réalisation. En fait, cela ne peut pas être réalisé, parce que c'est déjà réalisé. "Ce qui apparaît" est la réalisation absolue de Dieu. Ce Dieu qui prend forme. Bien sûr, "ce qui est" n'a pas besoin d'être vu par vous. "Ce qui est" n'a pas besoin d'être compris par vous. "Ce qui est n'a pas du tout besoin de vous. Il n'en a pas besoin, parce qu'il n'y a pas de vous. "Ce qui est" tout simplement, est. Le rien apparaissant en tant que ceci, est. Tout simplement. Il n'y a pas besoin d'autre chose. En fait, il n'est rien d'autre.

Le miracle

Ce qui est, est un profond mystère, rempli de beauté et de délices. Chaque savoir est pure apparence. Non solide, non connu dans un sens. En fait, le jaillissement de la vie est l'inconnu magnifique, bien sûr sans la nécessité de connaître quoique ce soit. En d'autres termes : puisque l'Être brille partout, il n'y a rien à savoir, à ressentir ou à percevoir.

Pas d'enseignement

Il y a une différence énorme entre ceci et la plupart des autres propositions. La différence est qu'ici, il n'y a rien à vendre. En fait, il n'y a même pas de message. La non-dualité en tant qu'enseignement propose ce message en guise d'outil – un outil qui pourrait être utilisé pour aider l'individu, comme c'est le cas pour tous les autres enseignements, méthodes et chemins. Ce message n'est pas un enseignement. Il ne connaît aucune aide et ne reconnaît aucun chemin. Puisqu'il n'y a pas d' "ici vers là-bas", il ne peut y avoir d'intention. Puisque l'individu est reconnu comme illusoire, la satisfaction de l'individu est aussi reconnue comme illusoire. Bien sûr, par personne.

Ce message ne requiert rien. Vous n'avez pas à être guéri, vous n'avez pas à être conscient de quoique ce soit, vous n'avez pas à être en paix pour être "ceci". "Ce qui est" n'a pas besoin de conditions préalables pour être "ce qui est". C'est la grande liberté, qui n'appartient à personne.

La lutte pour l'accomplissement personnel est - aussi logique et inévitable soit-elle, du point de vue de l'apparente individualité – illusoire.

Il n'y a pas de chemin, pas de méthode, pas de connaissance qui peut vous "sortir de là ". Il n'y a rien qui puisse vous diriger vers un état réellement plus illuminé. Il n'y a rien qui puisse rendre le Tout plus entier.

La reconnaissance

Tout ce qui est reconnu, c'est l'unité. Mais ce qui est aussi reconnu c'est le jeu de la séparation que l'unité semble jouer. Il n'y a pas vraiment de jeu de la séparation, comme je l'ai dit, c'est l'unité. Mais, l'unité apparaît aussi en tant que reconnaissance de l'unité et reconnaissance du jeu apparent de la séparation. C'est cette reconnaissance indiscutable et essentielle qui semble prendre effet pendant les discussions. Bien sûr, cette reconnaissance n'est celle de personne. Personne ne la possède ni ne la transmet à quiconque. C'est l'unité elle-même apparaissant en tant que reconnaissance – sans finalité, sans signification, ni but. Tout cela se produit complètement pour personne et pour rien. C'est là sa beauté et sa liberté.

Q : Donc, personne ne connaît cette reconnaissance ?

R : Oui, la reconnaissance, également, est illusoire et par conséquent inconnue.

La beauté de tout ce qui est, est brute et douce.

Indescriptible dans sa nature,

d'une simplicité surprenante.

Et étonnamment, simplement telle qu'elle est.

Deuxième partie

Le petit livre du rien qui est tout

Cela

Tout ce qu'il y a, c'est ce qui est. S'asseoir ou s'allonger, tenir un livre, lire, les pensées, les sensations corporelles, les sentiments, une pièce ou le ciel. C'est ce qui apparaît. C'est tout. C'est ce qui est cherché.

Ce qui apparaît, apparaît sans raison et n'a pas de sens. Ce qui apparaît ne vient pas de quelque part et ne va pas non plus quelque part. Cela n'a pas de passé , ni de présent, ni de futur. Cela est, tout simplement. Sans signification ni intention. Ce qui apparaît, apparaît en dehors du temps et en dehors de l'espace. Cela est, tout simplement. Merveilleusement simple et pourtant complètement absolu. Cela n'est pas mis en cause. Cela est, tout simplement.

Tout et rien

Ce qui apparaît, c'est le rien. Rien en particulier. Pas ceci ni cela. On ne pourrait pas lui donner un nom. Cela est, c'est ce qui apparaît.

Cela, ce qui apparaît, c'est le tout. Il n'y a rien d'autre. Pas de second, pas de prochain ! Pas plus de "je" que de "vous" ou de "Dieu" ou quoique ce soit d'autre. Cette perspective demeure caché pour le moi apparent.

I

Il n'y a pas de "je".

Cependant, ce qui apparaît, apparaît aussi en tant que quelque chose qui croit – et vit aussi dans la perception absolue – d'être quelque chose d'indépendant et autonome. Ce quelque chose apparent peut s'appeler lui-même "je". Mais puisqu'il n'y a pas de "je", rien de réellement indépendant, il existe en dehors de ce qui apparaît, c'est plus pertinent de l'appeler un "je" apparent.

Ce "je" apparent est comme un point de référence artificiel à partir duquel le monde est vu. C'est ce "je" apparent qui ouvre la possibilité pour qu'il y ait (un) espace. C'est ainsi que la perception "ici" et "là-bas" surgit.

Le monde du "je" apparent

Le monde du "je" apparent est basé sur l'expérience de la réalité et de la séparation. Il est affecté par la perception d'être "quelque chose" qui existe réellement dans une période de temps apparente qui s'écoule et dans un espace donné apparent.

Le "je" apparent crée le monde à partir de sa perception d'être un objet séparé. Comme il fait l'expérience de lui-même en tant que quelque chose qui existe dans la réalité, il fait aussi l'expérience du monde comme réel, de choses qui existent séparément les unes des autres. On peut dire, que le "je" apparent crée un monde qui semble fait de plusieurs choses, à partir de sa perception d'être quelque chose.

De toute évidence le monde du "je" apparent est beaucoup plus vaste. Non seulement le "je" apparent fait l'expérience de ce qui apparaît en tant que choses séparées; mais il croit aussi connaître ces choses. Chaque chose reçoit un nom et rapidement il invente une histoire de passé, de présent et de futur que le "je" apparent croit aussi réelles, uniquement réelles. Le "je" apparent croit avoir un passé, croit connaître le "maintenant" ("c'est ma situation") et il est absolument convaincu d'avoir un futur. Il vit dans le temps.

Aucune solution

Pour le "je" apparent, aucune solution n'existe.

Ce qui est décrit ici, c'est la fin apparente de ce qui cherche ou a besoin d'une solution.

La fin du "je" apparent.

La fin du "je" est une histoire. Il n'y a personne qui pourrait disparaître ou mourir. Seulement en apparence. Et apparemment elle n'est pas réelle.

Les chemins

Ils n'existent pas. La perception « d'être sur un chemin » surgit du sentiment d'être quelqu'un. Personne n'est sur un chemin. Le futur, le passé et le présent ne sont pas réels. Ce qui est, est atemporel.

Illumination

Elle n'existe pas.

Cela fait partie de l'histoire de non-illuminé et illuminé, de la séparation et de la libération.

Être ou ne pas être

Le « je » apparent désire l'absolu et fait constamment la navette entre le désir d'être et de ne pas être. Il n'est jamais satisfait de ce qu'il est. Quand il y a des moments de joie, il veut les préserver et en obtenir davantage. Quand il y a des moments de souffrances, il veut les faire cesser et veut savoir comment les éviter à l'avenir. Dans la joie, il veut être (totalement), dans la souffrance il veut être absent. Il n'y a pas de mal à ça ; c'est simplement ainsi !

La mort

Il n'y a pas de mort.

Il n'y a que ce qui vit apparemment qui peut mourir. Ce qui vit dans la conviction d'avoir sa propre vie, séparée, peut apparemment mourir. Ce « je » apparent vit dans la peur permanente, de ne pas être (de ne plus être). Mourir ne peut pas se produire ; il n'y a personne. Pourtant c'est tellement facile.

Cela ne s'est jamais produit

« Je » ne s'est jamais produit. Le « je » n'a jamais existé, et il n'existera jamais non plus. Ce n'est pas la vérité, simplement des mots. Que celui qui a des oreilles entende.

Et maintenant ?

Rien.Tout ce qu'il y a c'est ce qui se produit, apparemment. Probablement, ce corps apparent se comportera comme il l'a toujours fait. Il y a beaucoup de description de ce qui pourrait changer, quand le « je » meurt, mais encore une fois : tout peut arriver, mais il n'y a pas de règles. Comme dans chaque autre vie apparente. Chaque changement apparent, tel qu'il apparaît, est complètement dénué de sens et ne se produit pour personne. En outre : il n'y a personne qui tire profit de ce changement apparent. Ce n'est pas non plus le but atteint par le « je » apparent.

Troisième partie

Discussion à propos de l'unité – Questions et réponses

Q: Andreas, finalement je veux renoncer.

A: Alors fais-le.

Q: Mais je ne peux pas.

A: Oui, c'est vrai. Tu ne peux pas. Qui pourrait le faire ? - il n'y a personne. Si quelqu'un renonce, ce n'est pas le renoncement. C'est un genre de technique pour mieux affronter la vie. Et ça ne fonctionne pas vraiment. Personne n'a jamais renoncé. Mais bien sûr il y a beaucoup de gens sur un chemin apparent du renoncement. Pourtant aucune personne que je connais n'a complètement renoncé.

Q: Beaucoup de gens enseignent cela.

A: Oui

Q : Qu'est-ce qu'ils veulent dire ?

A: Bien sûr, il s'agit d'une technique. Ils pensent qu'il y a une réelle possibilité pour quelqu'un de renoncer. Et qu'il y a une réelle possibilité de renoncer. C'est une histoire. Le « moi » apparent ne renoncerait jamais à lui-même. Pourquoi devrait-il le faire ? Qui ferait l'expérience de son renoncement, quand le renoncement est fait ? Personne.

Q: Andreas, il y a quelques années, j'ai fait l'expérience de la mort imminente. Les manifestations typiques comme avancer vers la lumière se sont produites, et c'était très intense. Peux-tu dire quelque chose à propos de cela ?

A: Je ne suis pas un expert à ce sujet, mais j'ai déjà rencontré des gens qui ont eu une expérience de ce genre et j'ai lu des compte-rendus. Ce que j'ai remarqué c'est qu'en fait c'était toujours une mort « imminente », ce qui veut dire proche de la mort et non la mort elle-même. Dans tous les articles il y avait un point de retour et jusqu'à ce point une sorte de présence. Quelque chose qui semble être conscient. En fait, quelque chose fait l'expérience de ceci.

Q: Oui, ok. Je ne dirais pas que je faisais l'expérience de ceci. Pendant un moment il semblait y avoir une union totale avec la lumière. J'étais vraiment dans cette lumière.

A: C'est ce que je veux dire – vous étiez totalement dans cette lumière. Pour moi, on dirait qu'il y avait une sorte de conscience de cela. Je sais, cela ne ressemble pas vraiment à une conscience personnelle, et pourtant c'est illusoire.

Q: Hum, oui, en fait je confirme. Quelque chose était là.

A: Oui. C'est pourquoi c'est simplement la mort « imminente » et non pas la mort elle-même. Le dernier soupir n'a pas eu lieu, si je puis dire. (rires). Et ce qui se produit ensuite est un sentiment de retour.

Q: Oh oui ; J'ai un ami qui a aussi fait cette expérience. Pour lui, c'était tellement bien qu'il veut y retourner.

A: Oui, c'est bien, je suppose. La béatitude apparemment. Et très existentiel bien sûr. Je veux dire que dans un sens cela semble avoir été très pur – pardon pour ce mot – la conscience. Pas de pensées, pas de monde, pas de lumière, simplement un sentiment énergétique de présence. C'est la félicité, dans un sens. Pourtant, il n'y a pas seulement la « présence », il y aussi un sentiment de cela. Et c'est la séparation apparente. Ce n'est pas bon ou mauvais – c'est simplement ce que cela semble être.

Q: Oui, je te comprends.

A: Ce qui semble ressortir d'une telle expérience c'est un « moi » plus humble. Un « moi » qui a vu la lumière. Un « moi » qui semble avoir été plus proche de la mort. Cela vous transforme profondément. Bien sûr, dans tout ceci, il n'y a pas de séparation. Une expérience de « mort imminente » c'est le rien apparaissant en tant que ceci. Au sein de l'histoire. En fait, personne ne meurt, parce que personne n'est vivant.

Q: Je veux vivre ce rêve.

A: Quel rêve ?

Q: Et bien le rêve dont tu parles.

A: Oui, mais il n'est pas réel. Il n'y a pas de réel rêve.

Q: Je pensais...

A: ...non, il n'y en a pas. C'est exactement ça le rêve : c'est qu'il y a un rêve. Il n'y a rien dont il faut s'échapper.

Q: Andreas, tu parles rarement de l'amour. Peux-tu dire quelque chose à propos de l'amour ?

A: Ceci est l'amour. L'amour est tout ce qui est. Cependant l'amour n'est pas une chose, bien sûr. Le véritable amour, qui est le rien, n'est pas une expérience et n'est vraiment pas nécessairement une expérience de l'amour. La plupart du temps, ça ne l'est pas. (rires). La libération n'est pas l'expérience d'une sensation de l'amour, non, tout ce qui est, est l'amour. C'est cette conversation, se regarder, et ainsi de suite. C'est l'amour apparaissant en tant que ceci.

Q: Et c'est inconditionnel.

A: Oui. Il n'y a pas de conditions pré-requises pour ceci. Ou : « Ce qui est », est de manière inconditionnelle, tel quel. Car pour être tel qu'il est, rien n'est requis.

Q: C'est merveilleux.

A: Oh oui, ça l'est. C'est l'amour.

A: L'unité n'a pas besoin de faire l'expérience de l'unité pour être l'unité. Elle n'a pas besoin d'une réalisation. En fait l'unité n'a besoin de rien pour être l'unité. C'est là sa liberté.

Q: Alors, y a-t-il quelque chose d'autre que l'unité ?

A: Non, bien sûr que non. C'est tout ce qui est.

Q: Mais qu'est-ce que c'est ? Qu'est-ce que l'unité ?

A: C'est ceci. Ce qui apparaît. La pièce, les chaises, toi, moi, la conversation. C'est l'unité. Et c'est tout ce qui est.

Q: Pourtant, je ne peux pas savoir ce que c'est.

A: Non, tu ne peux pas. L'unité n'est pas une chose. Les gens , les chaises, toi et moi ne sommes pas des choses. Tel est le rêve: il y a beaucoup de choses séparées qui se produisent. Mais il n'y a pas de choses. Donc, l'unité n'est pas multiple. Et elle n'est pas non plus une chose.

A: La libération est illusoire. Simplement parce qu'il n'y a personne à libérer.

Q: Il n'y a pas de libération?

A: Non, il n'y en a pas.

Q: Mais qu'est-ce que tu fais ici, alors?

A: Rien. En fait ici il n'y a personne pour faire quoique ce soit.

Q: Mais je veux faire l'expérience de l'unité.

A: Et bien c'est tout le «problème». (rires). Le « problème » ce n'est pas que tu veuilles la libération mais c'est celui qui veut la libération. Qui est-ce ?

Q: Et bien, je. John

A: Qui est-ce ?

Q: ...

A: Il n'y a pas de John. Il n'y a personne ici à libérer. Il n'y a personne ici pour être quoique ce soit.

Q: C'est merveilleux.

A: Oui, ça l'est.

Q: As tu perdu ton ego ?

A: En fait non. « Moi » est parti.

Q: Ah bon?

A: Celui qui avait un ego a disparu, maintenant tout ce qui reste c'est l'ego...(rires prononcés). Sérieusement, je suis mort et ce qui est mort avec moi c'est l'idée qu'il y avait une personnalité et un personnage. Cependant, un personnage semble apparaître.

Q: Et une personnalité.

A: Oui. Andreas semble apparaître. Et d'une certaine manière, tel qu'il a toujours été. Peut-être pas aussi dirigé qu'il semblait l'être, mais probablement pas plus différent qu'on pourrait le supposer. Pourtant le même en quelque sorte. Toujours la même personnalité-structure. Pas plus sage. Enfin, peut-être un petit peu...

Q: Donc, tu ne dirais pas que tu es plus sage ?

A:Non, pas vraiment. Je veux dire que, une sorte de sagesse peut apparaître, mais bien sûr personne ne la possède. Pour moi, la sagesse est quelque chose qui est basée sur l'expérience personnelle. La libération est simplement la fin de la personne. Heureusement cela ne requiert pas la sagesse.

Q: La sagesse n'est pas une condition pré-requise ?

A: Non. Cela n'a rien à voir avec la sagesse. Cela n'a rien à voir avec l'expérience personnelle. En fait, c'est la fin de l'accumulation du savoir.
Tu sais, la libération n' a pas besoin que tu y travailles. C'est la fin de celui qui œuvre pour la libération. - qui ne se produit pas en tant que résultat d'un effort.

Q: Alors, je peux arrêter de méditer ?

A: Non tu ne peux pas. Mais cela peut se produire. Évidemment, cela ne t'amène pas plus près de « ce qui est ».

Q: Pourquoi pas ?

A: Parce que tu n'es pas séparé. La méditation apparaît. Ou pas. Cela n'engendre pas la libération parce que la liberté est déjà là. Mais la personne qui vit dans le rêve de « je médite » peut vivre seulement dans ce rêve. Il ne verra jamais que l'unité est déjà présente.

Q: Hum, c'est... en fait je ne sais pas ce que c'est.

A: Pour le moi apparent, ce message est très agressif. Il confronte le moi apparent à tout ce qu'il vit. Il le met face à face avec la réalité et donc avec son existence elle-même. C'est tout ce que le moi apparent fait : vivre dans l'existence. Vivre dans la présence. Que cette présence est illusoire, il ne peut pas le voir – et ne le pourra jamais d'ailleurs.

Q: Cela semble très radical.

A: Pour le moi apparent, oui, ça l'est. Comme je l'ai dit, il est confronté à tout. Mais ce n'est pas radical délibérément. Ce n'est pas radical en tant que méthode. En fait ce n'est pas radical du tout. Cela fait simplement signe vers ce qui réel et ce qui est illusoire.

Q: Y a-t-il quelque chose de réel alors ?

A: Non.

Q: Est-ce que le rien est réel ?

A: Dans un sens, on pourrait le dire, cependant c'est quand même le rien, au-delà du temps et de l'espace, au-delà du processus et ainsi de suite. Alors il n'existe pas en tant que chose réelle dans le temps et l'espace. En ce sens ce n'est pas quelque chose qui est réel.

Q: On ne peut pas le saisir...

A: Oui, jamais. Je veux dire, ce dont on parle, est ceci. S'asseoir, respirer, parler, cette pièce. C'est le rien. Il n'y a rien d'autre.

Q: En fait c'est merveilleux.

A: Oui, ça l'est. Il n'y a rien de mystique derrière ceci. Rien de séparé que tu ignores et que tu serais capable de voir un jour. Tel est le miracle. C'est l'inconnu – s'asseoir, respirer, parler. C'est ceci.

Q: C'est assez simple.

A : C'est complètement simple. Ceci ne peut être fait, bien sûr. Parce que ceci, déjà, est. Ceci ne peut être réalisé, parce que ceci est déjà réalisé – pas par quelqu'un ni pour quelqu'un.

Q: Alors, que signifie la réalisation de Dieu ?

A: Je ne sais pas. Dieu est déjà réalisé. C'est ceci. C'est la réalisation parfaite et absolue du rien. L'illusion est que tu es et que tu peux et doit le faire. La réalisation de Dieu n'est pas un état dans le rêve de l'expérience personnelle, il n'y a simplement rien d'autre.

Q: Si seulement je pouvais le voir...

A: Telle est l'illusion. Tu ne le verras jamais. Aussi longtemps que tu es – apparemment – tu regarderas toujours quelque chose là-bas. Quand tu meures, il n'y a personne qui regarde. Ce qui reste ensuite, c'est le rien. Ce qui reste c'est ceci. Ce qui reste c'est l'inconnu.

Q: Waouh.

A: Ho oui.

Q: Andreas, j'ai l'impression qu'en quelque sorte je sais de quoi tu parles.

A: Ho oui, bien sûr.

Q: Mais...

A: Mais ?

Q: Je ne sais pas. Ensuite je veux le saisir. Et je me sens totalement étourdi et lourd.

A: Et bien, c'est ce qui se produit souvent. Il y a une reconnaissance immédiate de ceci. Souvent il y a un hochement de tête spontané, très naturel. Et ensuite le «moi» arrive, veut le posséder et bien sûr, échoue. Parce que, dans un sens, le «moi» pense que même cette reconnaissance a quelque chose à voir avec lui. C'est déjà une interprétation erronée de croire que cela a quoique ce soit à voir avec «le moi».

Q: Cela ressemble un peu à la schizophrénie.

A: Oui, effectivement. Il y a ce simple hochement de tête – une reconnaissance apparente – qui n'est celle de personne et quelque part il y a le « moi » autour qui essaie de s'en emparer.

Q: Absolument. Mais comment j'en sors ?

A : Tu ne peux pas – il n'y a personne. C'est l'unité elle-même. C'est la vie – le rien -apparaissant en tant que cela.

Q: Quelque fois tu parles d'une reconnaissance. Qui reconnaît ?

A: Personne. La reconnaissance de « ceci », est aussi le rien apparaissant en tant que cette reconnaissance. Il n'y a pas de réelle reconnaissance.

Q: Alors, il n'y a pas de réelle libération non plus ?

A: Oui, bien sûr. Il n'y a pas d'événement appelé libération. Tu sais, tout est le rien. C'est le rien apparaissant en tant que sentiment de « je suis » et c'est le rien apparaissant en tant que la fin de ce sentiment. C'est l'unité elle-même apparaissant en tant que séparation, ce qui signifie qu'il n'y a pas de séparation.

Q: Mais je ne peux pas le voir

A: Oui, le « moi » ne peut pas le voir. Le « moi » ne reconnaîtra jamais l'unité. Comme je l'ai dit, personne ne le fait. Quand le « moi » meurt ce qui reste c'est l'unité sans personne pour la reconnaître.

Q: Waouh, je ne saisis pas.

A: Oui, bien sûr que non. Au fait, c'est l'unité.

Q: Des enseignants disent que l'illumination ce n'est pas de mourir une fois et qu'ensuite c'est fini – c'est de mourir encore et encore.

A: Pour, moi c'est encore dans l'histoire de « je suis ».

Q: Mais pourquoi est-ce qu'ils disent ça ?

A: Parce que c'est leur expérience. Le « moi » disparaît et ensuite il revient, et ainsi de suite. Quand il disparaît pendant un long moment, il peut y a voir l'impression que c'est l'illumination – ou du moins quelque chose dans le genre.

Q: C'est comme « le chemin est le but ».

A: Oui, exactement. C'est comme un arrangement du moi apparent. Il y a eu une visualisation et en quelque sorte, ce message a pénétré la structure énergétique. Cependant, le « moi » disparaît et ensuite il revient, ce qui donne l'impression que dans la libération, le « moi » doit mourir encore et encore.

Q: Donc tu ne dirais pas ça.

A: Non. Dans la libération le « moi » ne disparaît pas pour revenir ensuite, et ainsi de suite. C'est complètement terminé. Il n'y a pas de permutation entre « moi » et « pas de moi », parce que dans la libération, de toute évidence, les deux sont la même chose, à savoir le rien. Dans la libération, rien ne meurt, parce que toute existence est évidemment illusoire.

Q: Mais en ce qui concerne Andreas ?

A: Qui est-ce ?

Q: Et bien, toi. Ou...ce type ?

A: Qu' en est-il de lui ? Il est bien sûr illusoire et ne compte guère.

Q: Mais concernant le « moi » qui disparaît et qui ensuite revient, et ainsi de suite. Est- ce que tu tiens à des choses ou des idées ?

A: Non, pas vraiment. Il n'y a rien qui tient à quoi que ce soit. Cependant, Andreas apparaît, de toute évidence – et ce n'est pas le sentiment de moi étant Andreas. Il y a simplement un corps qui fonctionne apparemment. Il fonctionne aussi bien ou aussi mal qu'il en a l'air. C'est simplement l' unité apparaissant en tant que ceci. Le sentiment d'un soi séparé n'est pas nécessaire pour qu'il apparaisse ainsi. Andreas qui tient à des pensées et Andreas qui apparemment ne tient pas à ses pensées est la vie, c'est le rien apparaissant en tant que ceci. C'est le jaillissement de la vie lui-même. Cependant, bien sûr, il n'y a personne qui tient à quoique ce soit. Du moins pas comme le moi apparent le fait, lui qui vit toujours en s'accrochant ou en rejetant.

Q: Donc, Andreas aussi peut apparaître en tant que quelque chose qui s'accroche à des pensées et qui au fil du temps lâche prise par rapport à ces ces pensées.

A: Oui bien sûr. C'est la vie. Bien sûr, C'est « ceci » ! Mais s'il n'y a personne il n'y a personne qui fait l'expérience de cela. Alors il n'y a pas l'expérience d'un événement réel dans le temps et dans l'espace. Comme quelque chose qui se produit réellement, une série de faits. Alors il n'y a personne là- dedans, qui en fait l'expérience comme quelque chose de séparé (et donc d'insatisfaisant), qui a l'impression que quelque chose d'autre (quelque chose de mieux) pourrait se produire. Alors il n'y a pas de sentiment de « moi » qui s'accroche et de moi qui lâche prise. Alors c'est simplement le rien qui apparaît en tant que ceci. C'est simplement le jaillissement de la vie lui-même. Complet et entier. Miraculeusement, tel que c'est.

Q: Waouh, c'est vraiment merveilleux !

A: Oui, ça l'est. Pour personne, bien sûr...(sourires). Tu sais, s'il y a quelqu'un (apparemment), il y a un sentiment de « je suis ». Et s'il y a un sentiment de va et vient du « moi », il est attaché à cela. Tout cela peut devenir très confus. Alors il peut y avoir des idées comme « s'accrocher » n'est pas ceci, parce que le soulagement du lâcher-prise est confondu avec ceci (alors que c'est simplement « ce qui apparaît »). Ou alors que tu dois mourir encore et encore. Ce qui en fait suppose que tu étais présent au début. Personne n'a à mourir, pas même encore et encore, parce qu'il n'y a personne de vivant. C'est la liberté. Et le soulagement.

Q: Andreas, tu parles de ceci si souvent, en nous rappelant infatigablement notre vraie nature.

A: Oh, je n'en ai jamais dit un mot. Ça c'est sûr, je ne vous rappelle rien.

Q: Mais cela semble être le cas.

A: Oui, c'est possible. Cependant il n'y a rien à vous rappeler. Certainement pas votre vraie nature – il n'y en a pas.

Q: Mais quelques fois je me sens très calme et tranquille. Et en quelque sorte satisfait.

A: Oui, c'est ce qui apparaît. Y compris l'idée que c'est ta vraie nature. Et peut-être aussi ton effort de te sentir ainsi de plus en plus souvent ou d'atteindre cet état quand tu le souhaites ou quand tu en as besoin.

Q: Oui, je ne peux pas rester ainsi.

A: Bien sûr que non. C'est un état. Il se trouve à l'intérieur de la structure de l'expérience et n'est pas réel. Celui qui fait l'expérience de cet état comme étant le sien n'est pas non plus réel, pas plus que celui qui veut y revenir. Les états ont tendance à prendre fin à la longue. *(gloussements)*

Q: Mais je pensais que c'était ce que j'étais.

A: Oui, mais il n'y a pas de « je » pour être quelque chose. Il y a simplement ce qui se produit, apparemment – quoique ce soit. Cela peut être le silence aussi bien que le bouleversement. Les deux sont « ceci ».

Q: Les deux ?

A: il n'y a pas de deux bien sûr.

Q: N'as tu pas un avantage dans la libération ?

A: Je n'ai pas d'avantage, parce que dans la libération je suis mort. Alors oui, la libération est la liberté et la totalité, ce qui est la plénitude, mais – malheureusement (rires) ou heureusement – pour personne.

Q: Ok...mais ça y ressemble.

A: Oui, dans la libération la liberté est la réalité énergétique. Mais désolé, c'est pour personne. « Je » ne sera jamais libéré. Tout ce que le moi apparent fait, c'est de faire l'expérience de lui-même en tant que moi. Comme une entité séparée qui vit dans la séparation, l'insatisfaction et la recherche. Alors, tout ce que le moi apparent pense qu'il fait ou ne fait pas, ne le mène pas hors du rêve, mais l'y maintient.

Q: Ok, mais comment puis-je quitter ce jeu ?

A:Tu ne peux pas. C'est le dilemme. Tout ce qu'il y a c'est « ce qui est ». il n'y a personne séparée de « ce qui est », qui peut faire quoique ce soit concernant « ce qui est ». Et si « ce qui est » apparaît en tant que séparation et vivre dans le rêve de la séparation, c'est ce qui est. L'illusion est qu'il y a une entité à qui cela arrive. Mais il n'y a déjà personne.

Q: C'est vraiment sans espoir.

A: Oui, ça l'est. Complètement sans espoir.

Q: Quel est ton message?

A: Quel message ? Il n'y pas de message. Voici le message : c'est qu'il n'y a personne ! Tout ce qu'il y a c'est ceci. Rien. Mais ce n'est pas l'idée du rien ou d'une vision pénétrante intellectuelle, c'est simplement un énoncé à propos de la nature de « ce qui est ». Cela ne change rien au sujet de la nature de « ce qui est ». Il semble toujours y avoir Andreas, une table, une pièce. En fait rien ne change. C'est le miracle : que rien ne change. Rien n'a à changer, rien ne peut changer. Parce que rien n'existe. Il ne s'agit pas de te parler, que tu gravisses les échelons et que tu te rapproches d'une chose ou d'un état appelé l'unité. Non, il n'y a pas de « toi », il n'y a pas d'étapes, il n'y a rien qu'on puisse nommer l'unité. Tout ce qu'il y a – déjà – c'est « ce qui est », qui est le rien. C'est ainsi, que ce soit évident ou non. Et si ce n'est pas évident, c'est ce qui est. Même cela c'est ce qui est. Y compris toutes ces conséquences apparentes comme l'insatisfaction et la quête. Oui, tout ce qui est est ceci. Il n'existe pas d'autre, pas d'« ensuite », pas d'« à venir ».
C'est complètement simple, mais rien ne peut être accompli. Cela ne peut pas être fait, parce que déjà, cela est!Mais c'est au-delà de l'histoire. Ceci ne t'aide pas à en sortir ! Ce n'est ni possible ni requis non plus, de t'aider à en sortir. C'est déjà entier et tout ce qui est.

Q: Comment savoir que tu es réel ?

A: Je ne le suis pas. Je ne suis pas réel. Andreas n'est pas une chose qui existe. En fait il ne l'a jamais été. Peut-être que si nous devenions amis un jour, tu serais très déçu, parce que je suis simplement ordinaire. Pas très illuminé. Je ne suis pas plus ou moins spécial que tu ne l'es. En fait je ne suis pas du tout. Personne n'est mais presque personne ne le dit.

Q: Je cherche quelqu'un qui dit réellement la vérité.

A: Ah, et bien bonne chance alors. La vérité ne peut être dite, parce qu'il n'y a pas de vérité. Tout ce qu'il y a c'est ceci. Le rien apparaissant en tant que toi qui discute. Ceci EST ce que certaines personnes appellent peut être la vérité, mais ce n'est pas le contenu de cette phrase. C'est ce qui est !

Q : Mais comment puis-je savoir si tu as raison ?

A: Tu ne peux pas. C'est impossible. Ce que je dis – apparemment – ne peut être connu, alors il est impossible que tu le saches. La seule chose que tu peux faire c'est d'y croire ou de l' accepter. Les deux n'ont aucun rapport avec la libération parce qu'elles se produisent dans l'histoire. Et bien sûr, le moi apparent ne peut jamais se contenter de croire. Quelque part, il y a toujours un doute qui plane. C'est la même chose avec l'acceptation. Le moi apparent n'accepte jamais vraiment ; c'est simplement un changement entre le rejet et l'acceptation.

Q: Mais comment puis-je y arriver alors ?

A: Tu ne pourras pas. Parce qu'aussi longtemps que tu es là – apparemment bien sûr – tu feras l'expérience de toi-même en tant que quelque chose de séparé, qui cherche « ceci ». Tu ne peux pas faire autre chose. Si « tu » meurs, tout ce qui est dit ici, devient simplement évident. Et c'est tout ce qui reste.

Q: Mais, tu sais, en quelque sorte, je sais que tu as raison. En quelque sorte, quelque chose le sait.

A: Oui, c'est comme ça que c'est ressenti : « Quelque chose sait ». « Quelque chose » est déjà une interprétation du moi apparent, parce que ce n'est pas quelque chose qui sait, c'est le rien qui sait. La connaissance de cela, est aussi ceci. Oui, le rien sait, parce que tout ce qui est est ceci. La connaissance non plus n'est pas quelque chose de séparé. Cela n'a aucun sens ou importance, mais c'est aussi l'unité elle-même.

Q: Est-ce que la libération nécessite la clarté ?

A: Cela dépend de la manière dont tu définis la clarté. Dans un sens la libération semble aussi inclure quelque chose qui pourrait être vu comme une sorte de clarté, mais ce n'est pas la clarté à laquelle que le moi apparent pense. Ce n'est pas une clarté mentale, ce n'est pas la clarté de quelqu'un à propos de quelque chose. La libération est comme une clarification énergétique. L'extension ou l'explosion dans l'unité « clarifie » le sentiment d'être quelqu'un, qui en fait est illusoire. Vivre dans le rêve de « je suis » en tant que réalité peut être vu comme une sorte de confusion, la libération est donc la clarification énergétique de ceci.

Dans l'histoire, la clarté (à propos de quelque chose, même au sujet de la non-dualité et de la libération) peut apparaître ou non. C'est illusoire et n'a absolument pas de signification par rapport à la libération. Dans ce sens la clarté est une histoire. Ce n'est pas quelque chose que quelqu'un possède ou a besoin de posséder ; cela apparaît simplement et n'est pas plus l'unité que l'apparente confusion. L'unité est la réalité, peu importe si Andreas apparaît confus. Andreas est tout aussi onirique que la confusion ou la clarté.

Q: Qu'est-ce que ça veut dire ?

A: Cela signifie que c'est tout ce qu'il y a c'est l'unité.

Q: Et qu'est-ce que ça veut dire ?

A: Que tout est déjà entier. La libération, ce n'est pas quelqu'un pour qui il est clair qu'il n'y a personne ; la libération est la fin de la personne en tant qu'une réalité énergétique. La personne qui peut encore apparaître, sera encore dans la confusion par moments – surtout quand elle pense à quelque chose :-). Mais bien sûr, ensuite, il n'y a personne qui perçoit la confusion comme n'étant pas « ceci » et par conséquent personne ne cherche à ce que la clarté devienne entière. Ni la clarté ni la confusion n'ont d'importance. Peu importe !

Q: Comment puis-je me débarrasser de moi ?

A: Tu ne peux pas. Simplement parce qu'il n'y a pas de « je » à se débarrasser. « Je » n'existe déjà pas. C'est le dilemme. Le sentiment de « je suis » est simplement ce qui apparaît. Personne ne le fait.

Q: Hum, ... mais, qu'est ce que...

A: Rien. C'est ici que cela s'arrête. Il n'y a pas de « qu'est ce que... ». Il n'y a rien de plus. C'est tout ce qu'il y a : Être assis ici, participer à cette conversation. C'est ceci. Rien d'autre n'existe. Il n'y a pas d'entité ici. Personne n'est séparé de ce « tout ce qui est ». Personne ne vit séparément et personne ne pourrait s'échapper de ceci.

Q: ok, mais je ne peux pas voir ceci. Je suis encore là.

A: Tel est le rêve. Que tu es ici. Je ne vois personne. Je ne vois personne assis devant moi.

Q: Qu'est-ce que tu vois alors ?

A: Rien.

Q: Tu ne vois rien ?

A: Et bien en fait non. Je ne regarde même pas. Il n'y a personne de vivant, alors il n'y a personne qui regarde. Et bien sûr, si personne ne regarde, rien ne peut être vu. Le moi apparent est comme un centre artificiel, à partir duquel la vie est perçue. Tout arrive et part du « moi ». Tant que quelqu'un regarde d'un point à l'autre, d'ici vers là-bas, quelque chose sera vu. Tel est le rêve. Je l'appelle un rêve, parce que cette structure est illusoire. Ni celui qui voit ni ce qui est vu ne sont des choses séparées. Le dilemme est que l'unité apparaît aussi en tant que structure illusoire.

Q: Y a-t-il un processus ? Y a-t-il encore des processus pour toi ?

A: Oui et non. Oui, les processus apparaissent, et non : pas pour moi. La différence est que, dans la séparation apparente on fait l'expérience du processus comme quelque chose de réel. Comme quelque chose qui se produit dans le temps et dans une direction. Le moi apparent cherche toujours la fin du processus. Mettre un terme au processus et atteindre ensuite le but est le rêve du moi, en cherchant l'épanouissement dans un futur inventé. Dans la libération, être dans un processus est ce qui apparaît. C'est déjà entier et complet. Cela n'arrive pas à quelqu'un qui fait l'expérience du processus comme étant lourd de sens, se produisant dans le temps et aboutissant à un moi meilleur et plus sophistiqué.
Être dans un processus est déjà le jaillissement de la vie ; c'est déjà complet (ce à quoi le « moi » ne goûtera jamais). Le processus est illusoire et de toute évidence ne mène nulle part. Sans moi, il n'y a personne qui cherche la fin du processus puisqu' être dans un processus c'est l'unité elle-même apparaissant en tant que cela. C'est simplement le jaillissement de la vie.

Q: Alors, en fait, si tu le dis ainsi, ce n'est pas vraiment un processus.

A: Oui, c'est vrai. Puisqu'un processus, par définition se produit dans le temps et a une direction, la libération est la fin de tout processus. Tout ce qu'il y a, c'est ce qui est, qui n'est ni en mouvement ni statique.

Q: Andreas, es tu heureux ?

A: La libération est le bonheur. C'est la joie de l'Être simple et de l'indéniable absolu. Mais cela n'est pour personne. Il n'y a pas d'entité qui est heureuse. Il n'y a personne qui vit dans un état ou qui fait l'expérience du bonheur. Les sentiments de joie et de bonheur apparaissent, mais aussi toutes sortes de sentiments.

Q: Mais tu ne les juges pas ?

A: Oui, il n'y a personne pour juger. Personne pour vivre dans le monde du bien et du mal. Pas d'instance qui se connaît et qui est capable de se positionner quelque part. Suis-je heureux ? Malheureux ? Illuminé ? Libéré ? - Je n'en ai pas la moindre idée. Toute la construction de la personne qui est et a une place dans le temps et l'espace disparaît.

Q: Tu ne sais pas si tu es heureux ?

A: Oui, je ne sais pas.

Q: Certaines personnes décrivent la libération comme étant la félicité et l'extase. Quand je vous écoute, cela n'a pas l'air très spectaculaire.

A: Et bien, la libération est la félicité. La liberté est la félicité. Mais oui, c'est aussi ordinaire et en quelque sorte cela n'a rien d'extraordinaire. Tu vois, dans la libération il n'y a plus personne pour se faire une idée extraordinaire de la libération.

Q: Donc, c'est la félicité alors ?

A: La libération est la félicité, mais personne ne fait l'expérience de la félicité. Dans l'histoire, les sentiments de félicité peuvent apparaître mais ils ne signifient rien. Ils ne sont pas connectés à la libération.

A: Souvent, un éveil – un moment apparent sans le moi, comme un trou dans l'histoire – est un événement très énergétique et intense. Il peut y avoir un contraste prononcé entre l'énergie de la séparation et son explosion soudaine. Parfois, après cela – dans une période de changement – ce contraste s'atténue. Enfin, cela s'est passé ainsi pour moi. Apparemment. Ensuite il peut y avoir des sentiments puissants de félicité et d'extase. Dans un sens, être sans le moi est tellement différent comparé à la réalité artificielle de la séparation et de la réalité. A la fin, cette différence s'avère être illusoire, mais au début, cela semble être très intense.

Q: *Que veux tu dire par « il peut y avoir » ?*

A: Ce n'est pas une règle. Ce contraste n'est pas nécessairement si fort. Comme je l'ai dit, ce n'est pas réel. Donc il n'y a aucune nécessité pour quoique ce soit.

Q: *Et pourtant c'est ainsi pour beaucoup de gens.*

A: Oui apparemment.

Q: *Tu dis toujours : Tout ce qui est, c'est le rien. Est ce que le rien n'est pas ennuyeux ?*

A: Non. Pour le moi apparent cela pourrait en avoir l'air, parce qu'il espère quelque chose. Le rien n'est pas imaginable. Il essaie peut-être d'imaginer le rien. Et oui, cela peut apparaître comme ennuyeux, parce qu'il le regarde de l'extérieur.

Q: *Et tu dis que tout cela est aussi tout ce qui est.*

A: Oui, bien sûr. Le moi apparent regarde, à partir de lui-même en tant que centre, les chaises, les gens cette pièce et dit, légèrement sceptique : « Oh, c'est tout ce qui est... ?? C'est ça la vérité ultime ??

C'est tout ?? - Et oui. C'est tout ce qui est. Oui, c'est la réponse. Les chaises et les gens et la pièce – ceci – sont la réponse. Ils sont le rien. Ils sont ce que vous cherchez. Ils sont la libération. Ce qui est, est absolument savoureux. Savoureux et juteux, en quelque sorte complet et harmonieux. Mais ce n'est pas quelque chose sur lequel on peut compter. Ce n'est ni une récompense ni un but. C'est plutôt comme un effet secondaire de la fin du « toi ». La saveur et la complétude ne sont pas des choses que tu obtiens. Dans ton absence ce fait apparent devient simplement évident. Pour personne.

Q: Quand tu dis « harmonieux » je pense immédiatement à un millier de choses qui devraient en fait être différentes pour qu'il y ait l'harmonie.

A: Oui, mais ce n'est pas l'harmonie à laquelle le moi apparent pense. Le miracle est que ceci est totalement harmonieux. C'est savoureux et juteux. Ce n'est pas nous en train de se tenir par la main et de danser dans la rue. Non, c'est comme ceci. Comme ce que je pense et ce que je ressens, ce que tu penses et ressens. Comme cette pièce, avec cette couleur sur le mur. C'est tout ce qui est – et sans la séparation, c'est complet et harmonieux, de manière inattendu. Ce n'est pas une harmonie personnelle. Le moi apparent adopte un comportement pour essayer de simuler l'harmonie. Cet essai vient en fait d'une compréhension fausse de l'harmonie, respectivement d'une expérience de disharmonie qui en fait est illusoire.

A: Ce message n'est pas une suggestion pour rendre quoique ce soit meilleur. Il ne s'agit pas de trouver du plaisir dans la souffrance. Suggérer à quelqu'un en guerre ou dans une situation brutale de voir le bon côté des choses, c'est du sarcasme. Ce n'est pas ce qui est dit ici. Quand il y a de la souffrance, il y a de la souffrance. Rien d'autre. Vous n'avez pas à améliorer cela. En fait vous ne pouvez pas. Et si vous essayez, ce sera quelque chose d'artificiel. Quelque chose de fabriqué.

Q: Mais il peut y avoir une réaction ?

A: Oui, bien sûr. Réagir peut aussi se produire. Cependant personne ne réagit.

Q: Depuis tellement d'années maintenant, j'essaie de devenir personne.

A: Comment ça se passe ?

Q: j'échoue totalement.

A: Oui, excellent (rires). C'est la seule chose que tu puisses faire.

Q: Être en paix dans un monde qui est en guerre quasiment la moitié du temps, semble être plutôt impossible.

A: Oui, c'est vrai. C'est impossible. Il n'y a pas de chose telle que la paix. Et bien sûr, il n'y a pas de monde non plus.

Q: Pas de paix ?

A: Non, il n'y a pas de chose telle que la paix. Ou un état perpétuel appelé paix.

Q: Que penses-tu de la guerre en Ukraine ?

A: C'est triste. Cependant c'est l'unité. Ce n'est pas réel au sens où le moi apparent l'entend.

Q: Ne penses-tu pas que c'est douloureux ?

A: Oh oui, ça l'est sûrement. Du moins parfois.

Q: N'est-ce pas mal ?

A: Non. C'est au-delà du bien et du mal.

Q: Pourquoi penses-tu que c'est triste, s'il n'y a pas de guerre en Ukraine ou si c'est une apparence ?

A: La guerre en Ukraine est l'unité apparaissant en tant que guerre en Ukraine, tout comme moi qui me sens triste à propos de cela. Aucun des deux n'est réel – ni la guerre ni la tristesse. Ce qui est réel est le rien apparaissant en tant que nous en train de discuter. C'est ce qui apparaît. C'est l'inconnu apparaissant en tant que ceci. Et c'est ce qui est !

Q: Qu'est-ce que « ce qui est » ?

A: Ceci: l'inconnu apparaissant en tant que ceci. C'est tout. Il n'y a que ceci.

Q : Mais alors comment puis-je trouver la paix ?

A: Oh, tu ne peux pas. Il n'y a pas de toi qui peut trouver la paix et il n'y a pas de paix à trouver. Tout ce que tu peux apparemment trouver ce sont des états ou des expériences de quelque chose à partir desquelles tu penses que c'est la paix. Ou quelque chose proche de la paix.

Q: Est-ce que le « je » peut revenir après la libération ?

A: Non, il ne peut pas. En fait c'est impossible, parce que quand le « moi » meurt, il s'avère qu'il n'y a pas d'entité telle que le « je » et qu'il n'y en a jamais eu. Alors il n'y a rien qui part et rien qui n'arrive non plus. Mais, une personne peut apparaître, un corps peut apparaître, une personnalité, des pensées, des émotions, certains comportements, apparemment. Peut-être même une sorte de sentiment de « je suis ». Même dans la libération, l'unité peut apparaître de manière très personnelle. Ce qui est perdu dans la libération, c'est le nœud. Le nœud qui tient tout. Le nœud, qui essaie de broder une histoire à partir de tout ceci. Ce qui vit dans la réalité et essaie de tout comprendre. La personne apparente peut même essayer de le comprendre, mais il n'y a pas d'entité qui alimente cette essai. C'est dur, voire impossible à décrire.

Tu sais, souvent, avant la libération, il y a une période apparente d'alternance entre le moi et l'Être.

Cependant il n'y a pas d'entité qui passe du « moi » à l'Être. Le « moi » apparaît. Mais il est l'Être. Il n'y a rien d'autre. Ce qui meurt dans la libération, c'est celui qui fait l'expérience de quelque chose.

Andreas apparaît quand et comme le veut l'unité. Il n'y a aucun choix. Et cela n'a pas d'importance, parce qu'il n'est pas réel.

Q: Alors en fait, il n'y a pas de libération.

A: C'est vrai. La libération n'existe pas. Peu importe ce que tu désires et ce à quoi tu penses, rien ne te procureras la satisfaction. Rien ne t'apportera le jaillissement de la vie, parce que tout ce qui est, est le jaillissement de la vie. Le miracle est que ce jaillissement total de la vie, qui ne t'appartient pas, est joyeux. C'est totalement et subtilement joyeux, peu importe la forme sous laquelle il apparaît. La vie est constamment en extase, et pratique la danse de ce qui est.

Q: La vie ?

A: Oh désolé, bien sûr qu'il n'y a pas de vie. Tout ce qu'il y a c'est ceci. Ceci, là où toute séparation fond.

Q: Tu veux dire ce moment ?

A: On pourrait dire ça, bien que ce soit intemporel. Un moment semble être limité. Même l'éternité est limitée.

Q: Certains l'appellent « le moment éternel ».

A: Oui, c'est intemporel

Q: Andreas, très souvent c'est très dur pour moi de décider quelque chose.

A: Oh oui, s'il y a quelqu'un qui décide, c'est dur. Le moi apparent pense pense qu'il doit prendre des décisions. En fait, il n'y a personne qui décide.

Q: Et les décisions se produisent ?

A: Oui. C'est le rien qui apparaît en tant que décisions. C'est aussi le rien qui apparaît en tant que pensées antérieures. Personne ne fait quoique ce soit. Le dilemme est que le moi apparent suppose que l'unité se produira dans le futur. En outre, il suppose que cette unité future dépend de ses décisions actuelles. C'est le stress : si ton sort futur, en fait ta future illumination dépend de ce que tu décides maintenant.

Q: Oh oui. Parfois cela devient vraiment existentiel.

A: Oui. Le moi apparent pense : « Si je regarde la télévision, au lieu de méditer, est-ce que je deviendrai illuminé ? » Il vit constamment dans la peur de manquer son but en prenant une mauvaise décision.

Q: Comment puis-je quitter ce jeu ?

A: Quel jeu ?

Q:Toute cette histoire, qu'il y a un moi qui cherche et qui n'est pas satisfait.

A: Ah, ce jeu (rires). En fait tu ne peux pas. Tu ne peux pas quitter ce jeu parce que tout d'abord il n'y a personne qui joue un jeu et ensuite, il n'y a pas du tout de jeu. Tout ce qu'il y a c'est ceci : le rien apparaissant en tant que ces discussions. C'est ceci. C'est l'unité.

Q: Mais je ne le vois pas comme ça.

A: Oui, c'est aussi l'unité. C'est le dilemme : l'unité apparaît aussi en tant que personne qui vit apparemment dans un rêve apparent de la réalité. Mais il n'y a personne et il n'y a pas de rêve de la réalité.

Q: C'est très étrange de nos jours. Rien ne semble donner du sens ou du plaisir . Même les choses que j'aimais faire, et pourtant je fonctionne toujours.

A: Oh oui, cela peut se produire. C'est un état très désagréable, parce que il y a encore quelqu'un présent. Néanmoins c'est seulement une apparence.

Q: Oui bien sûr. Je suis encore là.

A: Oui, apparemment. Parfois, il semble que cela se produise, que ce message devienne évident d'une certaine manière, que tout dans le monde du moi est expérimenté comme étant vide. Non pas qu'il y ait derrière un savoir spirituel sophistiqué, non, simplement quand cela se produit, cela reste insatisfaisant. C'est la fin du monde, la fin de « l'extérieur ». C'est comme si le moi était assis dans le vide. C'est désagréable par période.

Q: Oh oui ; Tu sais, il ne reste plus personne. Pas de d'attirance, pas de satisfaction, rien dans ce sens. Et pourtant je cherche encore.

A: Oui, il n'y a plus rien, à part toi. Et tu fais ce que tu fais : Essayer de saisir quelque chose ou de chercher une porte de sortie.

Q: *En fait, je ne cherche pas vraiment, mais oui, il y a encore de l'espoir.*

A: Telle est la quête. « Le moi » croit en la possibilité d'une voie de sortie.

Q: *Oui, il n'y a nulle part où aller. Pourtant je veux...*

A:...oui. C'est ceci. C'est l'unité qui apparaît en tant que ceci. Le moi apparent est toujours en mouvements, mais il n'y a nulle part où aller. Il n'y a pas d'autre endroit, pas d'autre moment, pas de prochaine situation à venir ; seulement le rêve de « je suis ». C'est très désagréable pour le moi de rester dans le vide. Toutefois, pendant une période il peut sembler avoir évolué.

Q: *Non, en fait c'est l'enfer.*

A: Oui. Apparemment.

Q: *Andreas, souvent je suis réellement en enfer. Et je n'en sais pas plus. Je suis désespéré et je me sens très petit.*

A: C'est ceci. C'est inimaginable mais c'est l'unité. C'est le rien apparaissant en tant que ceci.

Q: *Mais je veux...*

A:...oui, mais tu veux. C'est aussi l'unité. Cependant c'est le rêve. « Tu » es le rêve.

Q: *Mais cela ne veut pas dire que je m'en rapproche. J'ai entendu quelque chose comme la nuit noire de l'âme.*

A: Aussi longtemps que tu penses à la nuit noire de l'âme, ce n'est pas la nuit noire de l'âme. Aussi longtemps que tu penses à l'enfer comme une étape vers la libération, ce n'est pas l'enfer. Parce qu'en enfer, il n'y a pas de pensée à propos de l'endroit où cela pourrait mener.

Q: Y a-t-il quelque chose comme la nuit noire de l'âme ?

A: Et bien, pas vraiment. Ce n'est pas requis. La souffrance n'est pas obligatoire. Tu sais, mourir est très facile – cela n'est pas forcément dramatique. Cependant, pour beaucoup de gens il semble y avoir une période apparente d'éveil et une période apparente d'irritation. Cela peut être , du moins à partir de la perspective du moi apparent, assez intense, irritant et plus ou moins désagréable. C'est la fin du moi, et c'est ainsi que cela peut être ressenti.

Q: Hier j'ai remarqué que je ne veux même pas ma fin.

A: Oui, bien sûr. Pour quoi la voudrais-tu ? Ce que je veux dire c'est que tu n'y survis pas, alors pourquoi voudrais -tu cela ?

Q: J'ai toujours pensé que cela m'arriverait.

A: Oui, c'est ce que le « moi » pense. Il pense que la libération est quelque chose qui peut lui arriver. Il pense que cette libération est l'expérience ultime, infinie, et éternelle, la possession parfaite. Non ce n'est pas cela. C'est la fin de toi et ce n'est clairement quelque chose que tu pourrais souhaiter.

Q: D'ailleurs pourquoi suis -je ici ?

A: Et bien tu n'es pas ici. C'est l'unité elle-même apparaissant en tant que cela. Bien sûr, cela inclut le rêve qu'il y a une personne qui a une existence séparée. Heureusement la vie se fiche de ce que tu veux ou de ce que tu ne veux pas. D'ailleurs tu pourrais mourir.

Q: Même si je résiste ?

A: Oui, bien sûr. Peu importe que tu résistes. Bien sûr que le moi va résister. Il ne peut pas se comporter autrement.

Q: Hum.

A: Cela n'a pas d'importance. En fait, il n'y a pas de « toi » qui résistes. Ce « toi qui es », est le rêve que tu peux faire ou que tu ne peux rien faire pour être libéré. Rien de tout cela n'est réel. Alors ne te fais pas de soucis. Ou fais toi du souci. Je ne sais pas. (rires)

Q: Qu'en est-il à propos de la mort ? Y a-t-il une mort ?

A: Non, il n'y en a pas. La mort fait partie du rêve apparent du moi.

Q: Oui, mais qu'est-ce qui meurt ?

A: Rien ne meurt. Tel est le miracle : c'est qu'il n'y a rien de vivant qui peut mourir. Il n'y a tout simplement rien. Cela devient évident quand le corps meurt ou dans la soi-disante libération.

Q: Qu'est-ce qui devient évident ?

A: Qu'il n'y a personne et qu'il n'y a jamais eu quelqu'un. Mais tu ne peux survivre ni à la mort ni à la libération.

Q: Et qu'en est-il de la réincarnation ? Peut -être que mon âme sera réincarnée.

A: Qu'est-ce que ton âme ?

Q: Je n'en ai pas la moindre idée. Le plus profond de mon être ?

A: Il n'y a pas de « plus profond de mon être ». Il n'y a pas de « je », ni d'âme, ni de « plus profond de l'être ». Tout cela fait partie de l'histoire tout autant que le temps. Dans l'histoire du moi, le temps ne se termine pas avec la mort. Dans son histoire, bien sûr, il y a un « après ». Dans le bouddhisme ou l'hindouisme c'est la prochaine vie, dans le christianisme c'est simplement le paradis ou l'enfer. Mais il n'y a pas d' « à venir » - ni de prochain moment ni de prochaine vie. Il n'y a pas plus de « dans cinq minutes » que de « dans une dizaine de vie ». C'est pourquoi on dit que dans la libération tu ne renaîtras pas. Il s'avère que personne ne vit, que personne ne meurt et que personne ne renaît. Toute l'expérience d'être vivant séparément est illusoire. Il en va de même pour la réincarnation, la naissance et la mort.

Q: *Mais pourtant il y a quelque chose.*

A: Oui. Mais ce quelque chose n'est pas une chose, c'est le rien. Intemporel, en dehors de l'espace et incompréhensible. Certains l'appellent le jaillissement de la vie. Alors on pourrait dire que, quand la vie limitée, personnelle, séparée prend fin apparemment, ce qui reste c'est le jaillissement de la vie lui-même. Qui est inconnu.

Q: *Pourquoi dis-tu qu'elle « prend fin apparemment » ?*

A: Parce que rien ne meurt. Il n'y a pas plus de mort que de libération. Il y a simplement ceci. Le rien apparaissant en tant que ceci. C'est tout.

Q: *Parfois tu dis que tout ce qui est, est ceci. Est-ce que ça veut dire que cela prend fin avec les murs de cette pièce ? Veux-tu dire que c'est tout ce que je peux percevoir ? Ou veux-tu dire que c'est ce moment ?*

A: Ce n'est pas « ce moment » et ce n'est sûrement pas ce qui se passe au sein de la perception. C'est atemporel et en dehors de l'espace. Alors, bien sûr, ce n'est ni ce moment ni dans l'éternité. Ce moment semble être limité, presque ponctuel. Il y a un début et une fin à « ce moment ». Mais il n'y a pas de fins. Avec « l'éternité » il semble y avoir une impression de largeur. Comme s'il y avait un espace immense qui s'élargit. Mais ce n'est pas le cas. C'est simplement atemporel. Ceci – être, être assis sur des chaises, respirer – est atemporel et apparaît en dehors de l'espace. Tu ne peux pas t'emparer de quoique ce soit ici.

Q: *Oh oui, c'est vrai. Je n'obtiens rien.*

A: Mais je vois un sourire sur ton visage.

Q: *Oui, en fait c'est formidable.*

Q: *Andreas, comment puis-je m'orienter dans la vie ? Comment savoir ce qu'il convient de faire ?*

A: Et bien, il n'y a pas d'orientation. Tu essaies de trouver un cap au sein de quelque chose qui n'a pas de sens. Tu essaies de trouver la vérité dans quelque chose qui n'existe pas en tant que quelque chose. Il n'y a ni monde ni vie, dans lesquels tu peux t'orienter.

Q:*Mais pourtant je suis ici, ne sachant rien.*

A: Oui, ce message te laisse les mains vides. Le mieux, c'est s'il te tue.

Q: *Mais je suis encore là.*

A: Oui, dans ce cas c'est déplaisant, apparemment. Parce qu'aussi longtemps que tu es là, tu fais l'expérience de toi-même en tant que quelque chose et tu vis dans le rêve du temps et de l'espace. Bien sûr tu te tourneras vers le futur, en supposant que tu es sur un chemin qui évolue. C'est ta direction. Et la question pour toi est : « Quelle direction va de l'avant, quel chemin m'emmène directement à mon but, qui est la satisfaction ? Quel est le mieux à faire pour atteindre mon but ? »

Q: Oui, exactement. Alors dis moi.

A: Il n'y a pas de but. Il n'y a pas de satisfaction future. Tout cela est un rêve.

Q: Comment puis-je me réveiller de ce rêve ?

A: Encore une fois, c'est demander la bonne direction. Il n'y a pas non plus d'éveil futur. Tu ne peux pas y arriver ou te tromper., parce que chaque action est « ceci». Que cela mènera quelque part est le rêve. Que « ce qui se produit » mène vers un « ce qui se produit »meilleur, plus illuminé est le rêve. Il n'y a pas de meilleur et assurément, pas de futur.

Q: Ne suis-je pas plus prêt de l'unité ?

A: Non. Tout ce qui est est l'unité. Mais ce « toi » auquel tu te réfères – qui d'ailleurs est illusoire – ne s'approchera jamais de l'unité. Premièrement parce que cela aussi est l'unité. Deuxièmement parce que tout ce que "tu" fais, c'est faire l'expérience de "toi", et donc comme étant séparé de l'unité.

Q: Parfois tu dis que "si on fait l'expérience de soi-même" et parfois tu dis "si tu fais l'expérience de quelque chose". Y a-t-il une différence ? Comment puis-je faire l'expérience de moi-même en tant que rien ?

A: Tu ne peux pas. Faire l'expérience de soi-même est un rêve. On pourrait aussi dire que faire l'expérience d'un soi est un rêve. Quand "tu" meurs, "faire l'expérience de" meurt aussi. Ce qui reste c'est le rien, qui n'est pas une expérience et donc c'est l'inconnu.

Q: Mais c'est tout ce que je fais : faire l'expérience de.

A: Oui, exactement. C'est pourquoi "ceci" reste insatisfaisant. Parce que tu en fais l'expérience. C'est pourquoi ceci demeure insatisfaisant.

Q: Mais je ne peux pas m'empêcher d'expérimenter.

A: Non, tu ne peux pas. Ce n'est pas une suggestion. C'est simplement faire signe vers le fait que la structure énergétique de l'expérience est illusoire. Ce n'est pas faux, mais ce n'est pas non plus réel.

Q: Mais alors, pourquoi faire signe vers cela ?

A: Il n'y a pas de raison à cela. Puisqu'il n'y a déjà personne, personne n'en tire profit. Personne n'est tenu de la faire, ce qui en fait, rend cela très facile. Tu sais, l'unité est déjà présente.

Q: Vraiment ? Il n'y a pas de raison à cela ?

A: Non. C'est déjà tout ce qui est. Dans le rêve de "je suis" ce n'est pas tout ce qui est, mais plutôt une étape vers tout ce qui est. Dans le rêve, ce n'est pas "ceci", mais avec un peu de chance cela mènera à "ceci". Si je fais suffisamment attention, si j'écoute attentivement, si je comprends... Tel est le rêve. Que ce n'est pas "ceci", et qu'il y a un "je" qui un jour réalisera cela. Mais en fait, ce n'est pas "ceci" uniquement parce que tu es. Mais parce que tu es illusoire, il n'y a pas de séparation.

Q: Oh ! ça fait beaucoup.

A: Oui, c'est tout ce qui est.

Q: Je n'arrive pas à y croire.

A: Bien sûr que non; Pour le moi apparent, "Tout", c'est trop. Dans le "tout" il se noie.

Q: *Ce n'est même pas qu'il y a un absolu quelque part et que ceci est le relatif.*

A: Oui, exactement. il n'y a pas d'absolu. Pour ceci, il n'y a rien de plus gros ou de mieux derrière. C'est ceci. C'est la soi-disante unité.

Q: *C'est si simple; Et c'est tellement différent de ce que je pensais.*

A: Oui, c'est simplement ceci. Cette apparence apparemment relative est absolument tout ce qui est.

Q: *Et il n'y a pas de conscience de cela.*

A: Non, il n'y en a pas. "la conscience" est un jeu de la séparation. Dans ce jeu tu as conscience, de quelque chose de réel d'un côté, et de l'apparence, qui est aussi supposée être réelle et d'un autre côté. Ensuite tu as une conscience absolue réelle et une apparence relative réelle. C'est la dualité.

Q: *Cette conscience est en fait assez plaisante.*

A: Oui, dans l'histoire cela peut être plaisant. Cela réduit l'intensité de la vie de tous les jours, les émotions et ainsi de suite. Cependant, personne ne reste là. Ensuite on ne cesse de s'efforcer d'être assez conscient, encore et encore.

Q: *Oui, c'est vrai. en quelque sorte il semble que le moi peut atteindre cet état.*

A: Oui, apparemment. Il y a des écoles entières dédiées à cela. En fait, ce n'est pas vraiment plaisant. Seulement aussi longtemps que l'histoire de l'observateur neutre a de l'importance. Pourtant beaucoup de gourous enseignent la conscience en tant que but et chemin.

Q: *"Tu es ce qui voit et non ce qui est vu."*

A: C'est la séparation. Tu es la conscience propre et brillante contrairement à l'apparence collante, sale, non-illuminée de l'apparence. Quel rêve.

A : Tout ce qui est, est congruence. Pas de second, rien de divisé, rien qui ne soit pas harmonieux. Le mystère est que c'est déjà harmonieux. Une harmonie qui ne peut pas être comprise. Pourtant, c'est l'harmonie. c'est ceci: être assis, respirer, parler, penser. ce n'est pas derrière ceci, ce n'est pas autour de ceci. Vous ne pouvez pas le trouver, parce que c'est ceci. Vous ne pouvez pas le voir, parce que ce n'est pas séparé.

Q: *Andreas, tu viens juste de dire qu'il n'y a rien derrière. Mais je veux toujours quelque chose d'autre.*

A: Oui, bien sûr. Le moi ne fait que ça : Espérer, travailler, attendre son accomplissement futur. Il ne peut pas faire autrement. Par sa présence apparente, il est apparemment séparé et insatisfait.

Q: *Comment sortir de cela?*

A: Tu ne peux pas. C'est l'unité apparaissant en tant que ceci.

Q: *Peut-être que je peux l'accepter ?*

A: Non, tu ne peux pas. Il n'y a personne qui pourrait le faire. En fait, le moi ne peut jamais accepter "ce qui est". - il expérimente seulement "ce qui est" dans la séparation. C'est *la* "chose" qu'il n'acceptera jamais. Ce qui est amusant, c'est que c'est tout ce qui est.

Q: Alors je ne serai jamais heureux ?

A: Oui. Le "je" ne sera jamais heureux, satisfait. Comme je l'ai dit, tout ce qu'il fait c'est d'être apparemment séparé et insatisfait

Q: Je ne peux pas sortir ?

A: Il n'y a pas de "je". Tu ne peux pas sortir du rêve, tu es le rêve. Maintenant tu rêves qu'il y a un rêve réel et qu'il y a un "je" réel qui est dans le rêve et qui pourrait en sortir. Il n'y en a pas. Il n'y a pas plus de rêve réel qu'une personne à l'intérieur de ce rêve. Il y a simplement ceci. Être assis, respirer, les pensées peut-être. C'est l'inconnu, ce qui n'est pas expérimenté. C'est le rien. Ce dont "tu" veux t'échapper c'est tout ce qui est. Un rêve qui est aussi l'unité.

Q: Pourquoi ?

A: Parce qu'il n'y a pas de "toi". Comment pourrais-tu saisir s'il n'y a pas de "toi" ? C'est impossible.

Q: Peut-être le moi en tant qu'apparence.

A: Il n'y a pas de "toi" en tant qu'apparence. Il y a simplement ceci. Tel que c'est. Ordinaire, normal. Rien d'autre.

Q: Andreas, mon enseignant me conseille de devenir de plus en plus conscient dans ma vie de tous les jours. Cependant, je n'y arrive pas toujours.

A: Ce qui est en fait suggéré, c'est de rester séparé.

Q: Pourquoi ?

A: Parce qu'il te dit de devenir de plus en plus conscient. C'est le moi apparent qui vit la conscience apparente. Donc, en fait, il te conseille de rester séparé. Bien sûr tu n'y arrives pas. C'est un rêve. C'est le rêve de « je suis », qui essaie d'élaborer un nouveau chemin. C'est populaire de nos jours et c'est la même chose que le mouvement de la conscience. En fait c'est l'idée que le « moi » peut évincer une majeure partie de sa vie grâce à une conscience accrue, comme « Si je peux être ici totalement, je ferai l'expérience de tout dans sa totalité ». Quelle plaisanterie – non seulement personne n'y arrive réellement, non, mais en fait cela semble alimenter un état supplémentaire de séparation en guise de libération. Mais, comme chaque méthode, être conscient requiert un travail permanent et avant tout, un travailleur permanent. Rien de tout cela n'est réel – tout comme la conscience n'est pas réelle. Cela se produit donc au sein de l'histoire.

Q: Mais c'est ce que disent la plupart des enseignants.

A: Oui, c'est parce qu'ils sont des enseignants. Il y a des écoles entières qui enseignent la conscience en tant que chemin. La plupart d'entre elles ne prétendent même pas qu'il y a une fin. Pour elles, demeurer sur un chemin c'est demeurer spirituel, ce qui est transformé en un but. Ensuite il peut aussi y avoir une hiérarchie de maîtres confirmés, déjà très conscient et des étudiants pas si confirmés.

Q: C'est sans fin...

A: Exactement. Cela reste à l'intérieur de l'histoire de toi qui reste et qui est conscient. C'est l'enfer, je dirais. En fait les gourous de la conscience t'enseignent à rester en enfer. Quelle plaisanterie. Si c'était réel, ça serait tragique.

Q: C'est tellement dur pour moi d'avoir confiance en la vie. Je voudrais être plus confiante.

A: Je ne le suis pas.

Q: Mais tu ne peux pas dire que ce message est un message de confiance ? Que tout se passera bien ?

A: Non, pas vraiment. La confiance fait partie de l'histoire du moi. Le moi apparent dépend du futur, parce qu'il présume que la satisfaction s'y trouve. Alors, il a besoin d'avoir confiance en le lendemain pour mener à bien ses affaires. Comme il n'y a pas de lendemain, personne n'a besoin de confiance. Ce qui est, c'est ceci.

Q: Je ne peux pas croire que cela n'a pas de sens.

A: Bien sûr que non. Le « je » a besoin de sens. C'est une manière de faire en sorte que cela soit « suffisant ». Présumer qu'il y a un sens est une méthode. Une méthode pour rendre cela entier.

Q: Ok, mais cela n'est-il pas bon pour quelque chose ? Je sens que cela m'aide.

A: En fait c'est le rêve : que tu es et que cela peut t'aider. Cela ne t'aide pas du tout. Comment pourrait-il en être autrement ? - Il n'y a pas de « toi ».

Q: Alors cela n'a pas de sens.

73

A: Non. Ceci est tout ce qui est. Pour qui cela serait raisonnable ? Tu vois, pour que cela soit raisonnable il faut qu'il y ait autre chose pour qui cela soit raisonnable. Il n'y a rien d'autre, simplement ceci. Il n'y a pas d'autre, à part dans le rêve de « je suis ». dans le rêve, bien sûr, il y a un autre. Dans le rêve, il y a un prochain moment dans lequel « tu » crois te diriger et peut-être qu'à ce moment tu seras illuminé. Dans ce rêve, bien sûr, il peut sembler raisonnable que de venir entendre et écouter, quoiqu'assez rapidement cela pourrait devenir évident qu'il n'y n'y a pas d'aide ici.

Q: Alors tu n'aides même pas ?

A: Non. Je ne peux rien te donner, pas plus que tu n'as besoin de quoique ce soit venant de moi. Il n'y a ni de toi ni de moi. Alors, toute cette structure de deux personnes qui se parlent l'un à l'autre est illusoire.

Q: Mais j'ai besoin de...

A: Tel est le rêve. Il n'y a pas de « toi » et par conséquent il n'y a pas de « besoin ».

Q:Est-ce que ça veut dire que je dois être tel que je suis ?

A: Oui, bien sûr. Tu n'as même pas à être tel que tu es ; tu es simplement tel que tu es. Pas en tant qu' identité figée, pas en tant que quelqu'un, mais comme une apparence apparente.

Q:Alors, je ne peux pas m'échapper de moi-même ?

A: Non. Qui est là pour s'échapper ? Et avant tout, pourquoi ? Tu es cela. Mais encore une fois : pas en tant que quelque chose, mais comme le jaillissement de la vie lui-même. Tu n'es pas séparé de ton environnement. C'est l'illusion. En fait, il n'y a pas de « toi » et d'environnement. Les deux sont indissociablement un. Et l'unité elle-même. Peu importe comment tu apparais, c'est ceci. Peu importe comment tu te comportes, comment tu te sens, c'est ce qui apparaît. Et c'est l'unité. Et : il n'y a personne ici. Pas d'entité, pas d'illuminé. Pas de non-illuminé non plus. Simplement ceci. Tel que c'est.

Q:Es-tu plus détendu après la libération ?

A: En fait je ne sais pas. Peut-être que tu devrais demander à ma compagne.

Q: N'y a-t-il pas au moins une tendance à être détendu ?

A: Oui et non. La libération est l'effondrement total de l'énergie de la quête et de la névrose qui l'accompagne. D'un autre côté, la libération est la fin de l'instance qui essaie de contrôler la personnalité et les caractéristiques pour être "quelqu'un de bien". Maintenant, on pourrait dire que, Andreas apparaît de manière très incontrôlée - comme cela a toujours été le cas d'ailleurs. Personne n'essaie d'être un bon Andreas. Andreas semble apparaître, tel qu'il est et en quelque sorte comme il a toujours été.

Q: Es-tu conscient de cela ?

A: Non, je ne le suis pas. Il n'y a pas de conscience de cela. Il n'y a pas de conscience qu'il y a une personne qui apparaît. Il n'y a pas de conscience d'une quelconque apparence parce qu'il n'y a pas d'apparence séparée.

Q: Comment, alors, peux tu en parler ?

A: Je n'en parle pas. C'est le rien apparaissant en tant que paroles. Tout comme c'est le rien apparaissant en tant qu'une personne appelée Andreas. Cependant, il n'y a pas de sentiment d'être Andreas.

Andreas est simplement ce qui semble se produire, tout comme toi, les chaises, la pièce et cette conversation. C'est ceci. C'est tout ce qui est et c'est ce que le moi apparent cherche, apparemment.

Q: Je cherche depuis tellement d'années maintenant, j'ai tout entendu, mais pourtant, il n'y a pas de déclic.

A: C'est ce qui se produit apparemment.

Q: Oui, mais je me sens si stupide par rapport à ça. Tu sais, de temps en temps je me demande quelles sont mes erreurs.

A: Oh, cela n'a rien à voir avec toi. Ce n'est pas ta faute. C'est ce qui se produit apparemment et il n'y a personne là- dedans. Tu ne peux pas échapper à cela parce qu'il n'y a a personne. Aussi déplaisant que cela semble, tu n'as rien fait de mal. C'est l'unité elle-même apparaissant en tant que ceci.

Q: Mais pourquoi n'y a-t-il pas de déclic pour moi ?

A: Il n'y a pas eu de déclic pour moi non plus. Je suis mort. Cependant, je n'ai pas choisi. Tu sais, tout cela est l'unité. L'unité n'a pas besoin de déclic. Elle n'a pas besoin que quoique ce soit se produise. "Je suis" est illusoire et la mort de "je suis" est illusoire aussi. Toute la structure de toi qui es et l'idée que tu as besoin d'un déclic est illusoire.

Q: Tu sais, j'ai une idée. Quand je serai confronté à ces tourbillons de pensées je reculerai un petit peu. Ainsi je prendrai du recul.

A: D'accord. Pourquoi ?

Q:Et bien pour... trouver une issue. Je ne veux pas qu'elles me possèdent. Je suis toujours si impliqué.

A: Ah, d'accord.

Q: N'est-ce pas ce que tu suggères ?

A: Non, en fait non. Qui est là pour reculer et pour quoi ?

Q; C'est souvent si intense.

A:Oui.

Q: Alors pourquoi ne pas prendre un peu de recul ?

A: Je n'ai pas non plus dit que c'était erroné. Au sein de l'histoire cela peut sembler bon pendant un moment – cela apaise les choses. Le moi apparent semble ne pas apprécier l'intensité de la vie. Alors quand il fait face à l'intensité, il veut la gérer – de la même manière, il veut s'occuper de tout. En créant une distance, l'intensité semble diminuer et le moi est à nouveau en sécurité, apparemment.

Q: Oui, parfois j'ai le sentiment que ça prend le dessus.

A: Oui, cela peut sembler être le cas (rires). Mais puisque tu veux survivre tu préfères prendre du recul. Certaines personnes suggèrent ceci en tant qu'exercice spirituel et chemin spirituel. Une grande partie du bouddhisme semble être construite sur cette idée de simplement observer. Toute la conscience-mouvement semble venir de cette idée de distance.

Q:Oui, il semble être utile de ne pas être tout le temps aspiré dans ces problèmes quotidiens.

A: Oui, mais maintenant, "ne pas être aspiré dans les problèmes quotidiens" devient ton problème quotidien. Cela devient une nouvelle façon de travailler sur la paix et l'illumination. Ce n'est pas mal, cependant cela reste dans le rêve de "je suis". En fait c'est une sorte de contrôle. Le "moi" essaie de contrôler "ce qui apparaît" en en restant séparé.

Q: Mais ça aide.

A: On dirait, oui. Cela semble très cool et neutre, au dessus de ce qui se passe, en quelque sorte, non identifié. Cependant cela devient mort et ennuyeux au bout d'un moment. Qui voudrait simplement regarder sa vie et ne pas "être" la vie ? Mais oui, pendant un moment le moi apparent peut surfer sur cette vague: "je suis si conscient" juste avant que cela ne devienne trop mort. Ce n'est pas la véritable neutralité, c'est un état artificiel de neutralité, respectivement un état que le moi apparent confond avec la neutralité ou suppose être la neutralité.

Q:Qu'est-ce que la véritable neutralité ?

A: Une histoire en fait... ... bien sûr ce n'est pas ce que "le moi" fait. En prenant du recul il tient la vie à l'écart – apparemment bien sûr. Il repousse l'intensité et le jaillissement de la vie et le naturel de la vie. La libération c'est plutôt mourir dans ce qui apparaît plutôt que d'en rester séparé. Bien sûr, personne ne le fait.

Q:Alors tu veux dire que c'est mieux d'accepter ?

A: En fait c'est la même chose. "Le moi" vit dans le rêve de "je dois faire ceci". Personne ne l'a jamais accepté. Cependant il y a beaucoup de gens qui se croient sur le chemin de l'acceptation. Autant que je sache, personne n'y est jamais arrivé.

Q: Des gens disent que, le chemin est le but.

A: Parce que c'est leur expérience. Être sur un chemin c'est tout ce qu'ils connaissent. Après une longue vie de recherche, ils essaient de s'arranger avec cela. Il n'y a pas de fin à ce chemin parce qu'il n'y a pas de chemin. La structure toute entière de "je suis" fait l'expérience d'elle-même étant sur un chemin.

Q: Oui, c'est vrai. Je n'ai jamais totalement accepté.

A: Oui, c'est futile. C'est une des tentatives du 'moi' de rendre cela enfin entier. Il doit continuer à accepter parce que ça ne marche pas. C'est l'unité et de toute évidence c'est ce qui apparaît. Aussi, dans son expérience, cela reste insatisfaisant.

Q: Ce n'est pas une issue.

A: Non. Il n'y en a pas. Il n'y a pas de moyen rendre cela entier, parce que c'est déjà entier.

A: Que devrais-je faire alors ?

A: Je n'en ai pas la moindre idée. En fait il n'y a pas de réponse à cette question.

Q: Il semble que je suis en train de perdre le contrôle.

A: Le contrôle est quelque chose que tu n'as jamais eu. En fait, personne n'a le contrôle. Cela fait partie du rêve de "je suis" qui vit dans l'expérience de celui qui fait et qui a des responsabilités.

Q: Ouais, mais c'est dur. Et effrayant.

A: Oui, s'il y a encore quelqu'un, c'est effrayant. "Le moi" vit dans le rêve du contrôle, alors il pense que, au moins dans une certaine mesure, il a le contrôle et est capable de prendre consciemment des décisions. Quand cela devient évident que c'est irréel, cela peut provoquer de la peur.

Q: Oui. J'imagine toutes sortes de choses effrayantes qui peuvent arriver.

A: Le "moi" apparent projette toutes ses peurs dans le futur. Il vit seulement pour le futur, qui lui apportera la satisfaction. Tout ce qu'il fait, dans le présent, c'est de faire en sorte que tout se passe bien. Si l'idée du libre-arbitre, de celui qui fait, qui dans ce sens est l'idée de contrôle, disparaît, il n'y a pas de garantie que "je" fera des actions appropriées. Alors, oui, cela peut être effrayant.

Q: Et si je ne travaille plus.

A: Oui, peut-être que tu seras affamé. Mais, bien sûr, déjà, tu ne vas pas travailler. En fait tu n'es jamais allé travailler. C'est l'unité qui va travailler. C'est l'unité qui met son réveil et c'est l'unité qui va vers le frigidaire et attrape un yaourt. C'est un rêve que tu fais les choses et c'est un rêve que tu es requis pour les faire.

Q: Je n'ai jamais fait ça ?

A: Non,"toi qui fait les choses" est un rêve.

Q: Alors, en fait, puisque jusqu'ici ça s'est bien passé, est-ce que je peux compter la-dessus ?

A : Et bien pas vraiment. Personne ne sait ce qui va se passer. Alors ce n'est qu'une idée qu'un jour tout ira bien. Tout va bien. Assez curieusement, tel que c'est.

Q: Des gens disent que le "moi" crée le monde.

A: Oui, dans un sens, c'est le cas. Il ne crée pas les chaises, cette pièce ou cette conversation, mais comme il vit dans une réalité-sujet-objet, il convertit tout en quelque chose. Si cette réalité s'effondre, ce qui s'effondre avec, c'est le rêve qu'il y a quelque chose. En ce sens, la libération est la fin du monde. C'est la fin de tout et par conséquent la fin de la création réelle.

Q: Y a-t-il une création irréelle alors ?

A: Non, pas vraiment. Tout ce qui est est ceci: le rien apparaissant en tant que ce qui apparaît. C'est la création. Il n'y a pas quelque chose d'extraordinaire là-bas – c'est le rêve.

Q: C'est effrayant.

A: Pour le moi apparent, oui. Il perd tout. Tout ce qu'il fait apparemment, c'est vivre dans la réalité. S'il meurt, tout ce qui était expérimenté comme réel devient l'inconnu, y compris le propre soi. Alors oui, la peur peut apparaître.

Q: C'est aussi la peur de la mort.

A: Oui. Le "moi" qui devient irréel est la mort du "moi". Heureusement personne ne meurt.

Q: Quelle est la différence entre toi et moi ?

A: Je n'en vois pas.

Q: Mais il doit y en avoir une.

A: Peut-être que c'est ça la différence. Alors que je ne vois pas de "moi" tu penses qu'il y a un "moi". En fait c'est le moi apparent qui fait l'expérience de lui-même en tant que "différent". Il fait l'expérience de lui-même en tant que séparé de l'unité ce qui signifie différent de l'unité. C'est la différence. Cependant elle est seulement apparente.

Q: C'est douloureux en quelque sorte.

A: Oui. C'est la souffrance de la séparation - la souffrance d'être apparemment différent de l'unité. Tous les efforts du "moi" sont dans le but de redevenir un. Bien sûr ils sont futiles parce qu'il n'y a pas de séparation.

Q: Que dois-je faire avec ça ?

A: Rien. Qui pourrait faire quoique ce soit avec ça ? C'est déjà l'unité. L'idée que tu dois faire quelque chose avec cette information, c'est déjà le rêve. Même la tentative de comprendre cela est futile.

Q: Tu prends vraiment tout.

A: Oui, tout disparaît, il ne reste rien.

Q: Dois-je me concentrer sur l'espace plutôt que sur l'esprit ?

A: Tu pourrais faire ça mais cela n'aurait rien à voir avec ce qui est dit ici.

Q: Aha...

A: C'est encore dans l'histoire du "moi". Tu agis de sorte de trouver quelque chose de mieux, c'est à dire te détendre dans l'espace et pas dans l'esprit. Ce n'est pas un problème, mais c'est encore dans la séparation. Apparemment.

Q: Sur quoi dois-je me concentrer alors ?

A: Toute l'expérience de se concentrer fait partie du monde-rêve du moi apparent. Comme le moi vit dans une réalité sujet-objet, tout ce qu'il connaît c'est de se concentrer sur quelque chose. Énergétiquement il vit en mettant l'accent à partir d' "ici" vers "là-bas", à partir de lui-même comme source de la concentration vers l'objet sur lequel il porte son attention. Des enseignants spirituels proposent d'apprendre à seulement changer l'attention en guise de chemin vers l'illumination. C'est bien, même si c'est au sein de l'histoire. Ce qui est négligé c'est que premièrement il n'y a personne, deuxièmement que toute la structure de vivre en se concentrant est illusoire, troisièmement que l'attention non plus n'est pas sous le contrôle de quiconque et quatrièmement, que cela est encore dans la séparation, et reste donc insatisfaisant et maintient le besoin de trouver. Comme toute méthode elle est futile. Elle l'est forcément car la séparation et le besoin de trouver sont illusoires.

Q: En fait, ce que tu décris c'est de renoncer.

A: Oui et non. Cela dépend de la manière dont tu comprends "renoncer", car la libération ce n'est pas une personne qui renonce. Dans un sens, "ce qui est" est déjà totalement et complètement donné. En fait, "le moi" ne renoncera jamais. Alors il n'y a en fait rien à abandonner. En fait, "le moi" n'abandonnera jamais.

Q: Mais au sein de l'histoire, il peut y avoir une sorte de renoncement. C'est peut-être l'acceptation.

A: Oui, au sein de l'histoire, l'acceptation apparaît effectivement, tout autant que la résistance. Les deux n'ont aucun rapport avec la libération. Ils sont simplement ce qui apparaît. Quand il y a apparemment quelqu'un, l'acceptation et la résistance sont expérimentés en tant que quelque chose, quelque chose de personnel. Ensuite il y a l'illusion du bien et du mal, et la possibilité du choix. "Si seulement je pouvais accepter...". L'acceptation se produit, ou pas. Cela n'a pas d'importance.

Q: La libération n'est pas l'acceptation ?

A: Non, pas vraiment. C'est la mort de ce qui a besoin d'accepter. "Ce qui est" est simplement tel quel - et se fiche de ce qu'on en pense. Cela ne dépend pas de l'acceptation de quiconque. C'est impossible car il n'y a personne.

Q: Et je ?

A: Que veux-tu dire ?

Q: Moi ?

A: Il n'y a personne.

Q: J'abandonne.

A: Bien, c'est le rien qui doit t'abandonner. C'est la libération. Apparemment.

Q: Andreas, parfois je perds complètement le sentiment que c'est moi qui agit. Alors si quelqu'un dit que j'ai fait quelque chose de bien, je ne sens pas de résonance avec cela. Est-ce bon signe ?

A : Un signe de quoi ?

Q: Que je suis...

A:...plus près ? Tu sais, celui qui a besoin d'un signe ne s'approchera jamais. Celui qui fait l'expérience de lui-même comme étant sur un chemin n'arrivera jamais. Rien n'a de sens, parce que c'est déjà tout ce qui est. Il n'y a rien d'autre.

Q: Quand tu dis que tout ceci est une illusion, n'y a-t-il vraiment rien ? Est-ce que tu vois seulement du noir ou quoi ?

A: Je n'ai pas dit que c'est une illusion. L'illusion est que c'est quelque chose.

Q; Ah, d'accord. Alors, ça ressemble toujours à ceci.

A: Ça ne ressemble pas seulement à ceci. C'est ceci. C'est le miracle et c'est ce à quoi le moi ne peut pas accéder.

Q: Qu'est-ce qui doit changer alors ?

A: Rien ne doit changer. Rien ne peut changer. En tant qu'histoire on pourrait dire que "tu" doit mourir mais, comme je l'ai dit, c'est une histoire. C'est l'illusion de "je suis", pour commencer, et deuxièmement, que quelque chose doit se produire avant que "je" sois satisfait. "Je" ne sera jamais satisfait parce que cette étape ne sera jamais franchie. Cette étape, que le moi apparent croit franchir, existe seulement dans le rêve. C'est le rêve que quelque chose peut arriver et arrivera. Tout ce qui se produit apparemment c'est le rien. La libération est le premier moment, où rien n'a besoin de se produire.

Q: Ce n'est même pas qu'il y a un absolu quelque part et que ceci est le relatif.

A: Oui, exactement. Il n'y a pas d'absolu. Il n'y a rien de plus gros ou plus grand derrière ceci. C'est ceci. C'est la "soi-disante" unité.

Q: C'est si simple. Et c'est si différent de ce que je pensais.

A: Oui c'est simplement ceci. Cette apparence apparemment relative est absolument tout ce qui est.

Q: Et il n'y a pas de conscience de cela.

A: Non, il n'y en a pas. "La conscience" est un jeu de séparation. Dans ce jeu tu as d'un côté la conscience comme quelque chose de réel, et de l'autre côté l'apparence, qui est supposée être réelle également. Alors tu as une conscience réelle absolue et une apparence réelle relative. C'est "deux".

Q: Cette conscience-chose est en fait assez plaisante.

A: Oui, au sein de l'histoire elle peut être plaisante. Elle réduit l'intensité de la vie quotidienne, les émotions et ainsi de suite. Pourtant, personne ne reste dans cet état. Alors on doit s'y atteler encore, pour être à nouveau assez conscient.

Q: Oui c'est vrai. Il semble en quelque sorte que le moi peut atteindre cet état.

A: Oui, apparemment. Il y a des écoles qui proposent cela. Je pense que la moitié du bouddhisme propose cela. En fait, ce n'est pas réellement plaisant. Seulement aussi longtemps que l'histoire de l'observateur neutre a de l'importance. Pourtant beaucoup de gourous enseignent la conscience en tant que chemin et but.

Q: "Tu es ce qui voit et non ce qui est vu."

A: C'est la séparation. Tu es la conscience pure et lumineuse qui contraste avec l'apparence gluante, non-illuminée, souillée. Quel rêve.

Q: Andreas, comment est-ce ? C'est facile pour toi d'être dans le monde ou est-ce que tu joues un rôle ?

A: Je ne joue pas un rôle. Un rôle est joué. Andreas est interprété, mais il n'y a personne dans le rôle. Le rôle est ce qui se produit, c'est l'unité qui apparaît en tant que personnage. Tel qu'il ou elle est, apparemment.

Q: Mais tu sais que ce n'est pas réel ?

A: Non, il n'y a personne qui sait cela. Il n'y a pas non plus de connaissance qu'il y a un rôle. C'est un rêve de croire que dans la libération une entité observe l'irréel de manière illuminée.

Q : Alors tu ne peux pas décider de ce que tu ressens non plus ?

A: Non, bien sûr. Personne ne fait moi et personne ne fait toi. Comme je l'ai dit, il n'y a personne ici qui participe au jeu – pas plus qu'il n'y a d'observateur, ni d'illuminé qui apprécie l'entité. Andreas stressé parce qu'il est en retard est la vie, c'est le rien apparaissant en tant que ceci.
C'est ressenti tel que c'est ressenti, mais pour personne.

Q: Mais si c'est pour personne, quel avantage puis-je en tirer ?

A: Quel avantage ?

Q: Quel est l'avantage concernant la libération ?

A: Il n'y a personne; Il ne reste personne pour avoir un avantage.

Q: Hum.

A: Oui, il n'y a rien à gagner. L'unité n'est pas une expérience. C'est la fin de toi qui expérimente.

Q: je ne reconnaîtrai jamais l'unité ?

A: Non.

Q: Mais j'essaie toujours d'être conscient pour ne pas manquer ceci.

A: (rires) C'est pour ça que tu le manques ! C'est ceci !

Q: Si c'est ceci, pourquoi alors est- ce la fin de l'expérience ?

A: Oui, c'est la fin apparente de la structure de la séparation. Tu sais, ce n'est pas réel. Il n'y a pas de séparation et il n'y a pas de processus d'expérience. C'est illusoire. Alors c'est ceci.

Q: C'est si simple.

A: Oui, ça l'est.

Q: Ne pouvons nous pas comprendre quelque chose ?
Et est-ce que cette compréhension ne conduirait-elle pas vers une vie plus consciente ?

A: Oh, c'est un rêve merveilleux, mais non, il n'y a pas de connaissance réelle tout comme il n'y a pas de vie de plus en plus consciente. La connaissance suppose qu'il y a des choses, des processus, des parties qui peuvent être comprises. Mais il n'y en a pas. Il y n'y a simplement rien à comprendre. C'est illusoire de croire que l'unité consiste en un nombre infini de parties. Le moi apparent enquête donc sur quelque chose qui n'existe même pas: une réalité faite de parties. Il n'y a pas de choses que tu peux connaître. Bien sûr, c'est pareil pour toutes les parties que « le moi » suppose en relation avec lui. « ma vie, ma position dans la vie, mon personnage, la séparation et la question comment tout cela va ensemble. ». ça ne va pas ensemble, c'est simplement ce qui apparaît. L'unité indivisible.

Q: Il n'y a pas de parties ?

A: Non, il n'y en a pas. Pas de parties.

Q: Est-ce que le "moi" peut se comprendre lui-même ?

A: Là non plus il n'y a pas de parties. Alors non il ne peut pas se comprendre.

Q: Il ne peut pas se trouver lui-même non plus.

A Non, il ne peut pas. Il n'y a pas de soi à trouver.

Q: C'est vrai.Je ne l'ai jamais trouvé non plus. Suis-je libéré maintenant ?

A: Non, qui serait libéré ? Celui qui pense connaître ceci, fait déjà l'expérience de lui-même et est apparemment séparé. "Savoir" qu'il n'y a personne n'est pas la libération. C'est quelqu'un qui sait qu'il n'y a personne.

Q: Je cherche toujours, pourtant je sais.

A: Oui, la libération n'est pas le savoir. En fait, c'est la fin de tout savoir.

Q: Tu n'es pas omniscient ?

A:(rires). L'omniscience est illusoire. Comme je l'ai dit, il n'y a rien à connaître. La libération c'est vivre dans l'inconnaissance.

Q: Mais tu sais que tu es assis ici.

A: Non, je ne le sais pas. Il a simplement ce qu'il y a: le rien apparaissant en tant que cela.

Q:Je ne peux pas comprendre cela.

A: Oui, c'est vrai. "tu" ne comprendras jamais cela.

Q: *Est-ce que quelqu'un l'a jamais compris ?*

A: Non, personne n'a jamais compris cela. Comment veux tu comprendre le rien ? Comment veux-tu comprendre ce qui simplement est. "je fais l'expérience de quelque chose" est le rêve.

Q:*C'est sans espoir.*

A: Oui.

Q: *La libération n'est-elle pas une sorte d'enquête ?*

A : Non, la libération est la mort de celui qui mène l'enquête. Avant cette fin il peut y avoir une sorte d'enquête apparente.

Q: *Mais c'est une apparence ?*

A: Oui, c'est apparent et n'a pas de pertinence particulière. C'est seulement "ce qui apparaît". Au sein de l'histoire de "je suis", on fait l'expérience de quelque chose en tant que "je" fais consciemment et c'est quelque chose qui peut me conduire vers une compréhension de plus en plus profonde, ce qui, à son tour est supposé apporter une vie meilleure.

Q: *Ensuite il y a aussi l'idée que je devrais enquêter plus.*

A: Oui, ça peut se produire. Puisque le résultat ne s'avère jamais satisfaisant, "le moi" croit que ce n'est jamais assez bien. C'est son sentiment de base en fait, parce qu'il croit pouvoir obtenir des résultats satisfaisants.

Q : Waouh. C'est vraiment frustrant.

A: Oui.

Q: Je ne peux pas arrêter non plus.

A: C'est vrai. Aussi, il n'y a personne qui peut arrêter ça. Personne n'a de "moi" qu'il ou elle peut lâcher et s'en débarrasser. La croyance qu'il y a quelqu'un qui pourrait...c'est déjà un rêve.

Q: Pas d'échappatoire.

A: Oui, pas d'échappatoire. Il n'y a pas d'échappatoire de "ce qui est" parce que c'est tout ce qu'il y a.

Q: je suis convaincu qu'il y a quelque chose qui doit se produire.

A: C'est le rêve.

Q: Je sais.

A: Rien n'a besoin de se produire. Il ne peut pas se passer quelque chose parce que rien ne se passe vraiment. Chaque événement est illusoire et n'est rien. Le rêve est que quelque chose se produit et que quelque chose doit se produire pour toi.

Q: Au moins il y a un rêve qui se produit.

A: Tel est le rêve.

Q:Mmm.

A: Il n'y a pas de rêve réel et il n'y a personne pour en sortir. La libération est le premier instant où rien n'a à se produire. Qu'est-ce qui se produit dans la libération ? - Rien. Tout est possible, mais rien n'est requis. C'est la liberté totale. Cependant, pour personne.

Q: Qu'est-ce qu'un enseignement ?

A: Un enseignement c'est quand quelqu'un essaie de vous amener d'ici vers là-bas. C'est un enseignement quand quelqu'un essaie de vous aider à vous améliorer sur votre chemin. Peu importe de quel chemin il s'agit. Cela peut être l'économie, la thérapie, la guérison, la spiritualité, le partenariat et ainsi de suite. Il n'y a rien de mal à ça, mais, cela a lieu dans la structure de la séparation et du devenir, ce qui est illusoire.

Q: Alors, tu ne dirais pas que ceci est un enseignement ?

A: Non, de toute évidence, ceci n'est pas un enseignement. Ce message n'a pas d'intention – ce n'est pas pour que tu deviennes quelque chose d'autre, que tu deviennes illuminé ou autre chose. Ce n'est pas pour se marrer. C'est la différence entre ceci et un enseignement.

Q: Mais le rire peut se produire ?

A: Oui bien sûr. Il peut y avoir toutes sortes de réactions. Pourtant, elles ne sont pas intentionnelles.

Q: Et pas non plus non-intentionnelles.

A: Non, c'est simplement sans intention.

Q: Beaucoup de gens qui viennent diraient que ce message a un impact conséquent sur eux.

A: Oui, bien sûr. Mais ça ne résulte pas d'une intention.

Cela surgit pendant les meetings apparents entre le "moi" et rien.

Q: Alors la non-dualité peut aussi être un enseignement ?

A: En fait non, mais oui il y a des gens qui pensent que c'est le cas. Tout ce que le moi apparent connaît c'est les enseignements. Il ne sait vivre que dans l'intention, le sens, le but, alors, bien sûr, il peut aussi penser que ceci est un enseignement. Si tu entends quelqu'un dire "ceci est tout ce qui est, alors détend toi." C'est un enseignement et non ce qui est dit ici. C'est simplement déjà tout ce qui est. Il n'y a pas de sens, pas d'intention et absolument pas de nécessité de te relaxer. La détente peut se produire ou non, peu importe. Les deux sont l'unité. Entre parenthèses, il n'y a pas de "toi" qui pourrait le faire de toutes façons. Le rêve est que tu dois être, faire ou renoncer à quelque chose.

Q: Il semble qu'il y ait pas mal d'enseignements non-duels.

A: Oui. Apparemment.

Q: Est-ce que ça veut dire que c'est aussi dénué de sens d'être ici au meeting ?

A: Oui. En fait, je ne cesse de le dire, mais le dire n'est pas une méthode. Je ne dis pas ceci pour provoquer une réaction. C'est simplement dénué de sens! Dire que tout ce qui est, est ceci, ce n'est pas une méthode. C'est simplement tout ce qui est. Ce que "tu" fais apparemment avec cela n'a pas d'importance. C'est la liberté de ce message: qu'il n'y a rien à vendre.

Q: Il y a aussi de la joie.

A: Oui, absolument.

A: Tu ne peux pas t'approcher de l'absence parce qu'il n'y a déjà personne. Tu ne peux pas t'en approcher parce que ta présence même est illusoire.

Q: Mais j'ai l'impression que je peux le faire.

A: Oui, tel est le rêve et chaque individu apparent le sait. Tout ce qu'il fait c'est faire l'expérience de lui-même comme étant présent et sur un chemin. Tel est le rêve.

Q: Un rêve que j'aimerais quitter.

A : Ceci aussi, c'est le rêve. Qu'il y a un rêve dans lequel tu es et que tu pourrais quitter.

Q : Mais j'aimerais me réveiller !

A : Personne ne se réveille. Tu sais, c'est déjà un rêve qu'il y a un rêve à partir duquel on peut se réveiller. C'est ceci. Tu n'as rien à faire ou à ne pas faire. En fait, le rêve est que tu pourrais ou ne pourrais pas faire quelque chose. Le rêve est que tu fais ou que tu ne fais pas quelque chose. Il n'y a tout simplement pas de " toi".
Le moi apparent suppose que l'unité est quelque chose d'autre ; quelque chose qui peut être vu quand il devient illuminé. Tel est le rêve. Il n'y a pas d'unité séparée de ceci.
Il n'y a pas non plus quelque chose derrière ou quelque chose autour. Rien à obtenir, rien à comprendre, rien à transcender, rien à guérir. C'est ceci ! Rien ne doit être vu, ni compris, ni perçu. Simplement ceci tel que c'est. Tel est le miracle, la liberté et la beauté.

Q : Je me sens vraiment mal ces derniers temps. Rien ne va plus et rien ne semble satisfaisant. Alors, je pense que je dois peut-être passer par là pour m'éveiller.

A : Tu n'as pas à traverser cela, parce qu'il n'y a personne dans cela. Mais, oui, ce que tu décris est ce qui semble se produire.

Q : Alors, tu penses que cela n'a pas à se produire ?

A : Non. Cela n'a pas à se produire à cause de ou pour quelque chose, c'est simplement ce qui semble se produire. Personne n'a à traverser quoi que ce soit, cependant, il n'y a pas non plus quelqu'un pour choisir.

Q : Cela veut dire que la souffrance surgit ?

A : Oui, de toute évidence. La libération est la fin de celui qui souffre, mais pas nécessairement la fin de la souffrance.

Q : La souffrance apparaît encore dans la libération ?

A : Oui. Mais, comme tu dis, elle apparaît. Pour personne, bien sûr. Comme personne n'en fait l'expérience, personne ne la connaît.

Q : Cela n'améliore rien.

A : Pas vraiment. Cependant, c'est l'unité. C'est l'unité apparaissant en tant que souffrance, ce qui est la liberté, ce qui est le vide. C 'est déjà complet et n'a pas besoin de salut réel. C'est la liberté. Même la souffrance est l'amour inconditionnel.

Q : C'est inconditionnel ?

A : Oui. " Ce qui est" est inconditionnel, tel que c'est.

Q : Hum. C'est insaisissable.

A : Oui. Cela n'a pas à être saisi, cela ne peut être saisi.

Q : C'est vraiment difficile.

A : Ce n 'est pas difficile, c'est impossible. Cela rend les choses plus faciles.

Q : *Pas pour moi.*

A : C'est vrai. Pas pour toi.

Q : *Oui, tu as raison, mais...*

A : C'est le moi.

Q : *Quoi ?*

A : Le " tu as raison, mais...".

Q : *Oui, tu as raison, mais je ne pense pas que ce soit aussi facile.*

A : Oh, bien sûr, ce n'est pas facile. C'est impossible. Pour le moi apparent, c'est totalement impossible. Cependant, c'est aussi facile que cela.

Q : *Mais je pense que c'est quelque chose que je dois obtenir.*

A : Oui, c'est ce que le moi pense.   " Je dois... l'obtenir, le réaliser, l'intégrer" et ainsi de suite. Tel est le rêve. Tu es et tu dois. Il n'y a pas de toi. Mais c'est comme ça que le moi dit : " Oui, tout est l'unité, mais maintenant, je dois...". Cela n'arrivera jamais.

Q : *Alors, à présent, plongeons là-dedans?*

A : Qui va faire cela ? Il n'y a rien dans quoi plonger. C'est tout ce qui est.

Q : *Est-ce que je peux l'intégrer ?*

A : C'est la nouvelle idée du moi apparent. Qu'il peut intégrer l'unité de manière élégante dans son expérience – comme si l'unité était quelque chose à intégrer. C'est l'unité qui t'intègre.

Q : Hum, c'est plutôt effrayant.

A : Oui, tu n'as pas le choix. C'est pour cela que de toute manière, cela n'a pas d'importance.

A : La fin du rêve est simplement la fin du rêve. Il n'est pas remplacé par quoi que ce soit. Rien n'est ajouté. Il pense que c'est pour ça que les gens se réfèrent à ce processus apparent d'effacement comme à une vie d'ange. Pourtant personne ne s'est vidé. Ce n'est pas une technique. Devenir vide n'est pas une méthode pour toi pour devenir quoique ce soit. En guise de description, on pourrait dire que le rien te vide. C'est tout.
C'est tout ce dont il s'agit. Il y a des écoles concernant cela. Les monastères, par exemple. Ils essaient tous de devenir vides pour que Dieu prenne place en eux.

Q : Tu penses que ça ne fonctionne pas ?

A : Non, évidemment. Parfois, une sorte de sagesse semble émerger de cela, même si la plupart du temps cela reste au sein de l'histoire. La spiritualité est autant une histoire que le capitalisme. Les deux proposent des chemins, les deux proposent le succès et les deux proposent une liberté personnelle, le plaisir et le bonheur, l'un " à l'extérieur" et l'autre " à l'intérieur". C'est la même quête. Les deux chemins sont le "moi" qui fait l'expérience de lui-même comme séparé qui a besoin de trouver, de gagner, d'obtenir quelque chose pour lui-même. La seule chose qui est différente, c'est la direction. Mais, c'est toujours vivre dans une direction. Il n'y a rien à trouver, simplement parce qu'il n'y a rien. Ni à l'extérieur, ni à l'intérieur.

Vivre dans une direction, vivre dans l'attention, crée l'intérieur et l'extérieur. Il n'y a pas d'intérieur et d'extérieur. Il n'y a pas de direction, il n'y a pas d'attention. Tout cela fait partie du rêve "je suis". La fin du moi est l'effondrement complet de la structure énergétique de la séparation, de la quête et du besoin de trouver. Ce qui reste, est ce qui déjà est. Tu serais surpris concernant la simplicité de ceci. Tu serais surpris parce que c'est ceci.

Ce n'est jamais fini,

parce que cela n'a jamais commencé

Partie n° 4

Les conversations de l'unité – conservations à partir de Mai 2015

Q : Dès que le sentiment de séparation s'évanouit, y a t-il quelque chose de conscient de la complétude de cela ?

A : Non, il n'y a pas de conscience de quoi que ce soit. Il y a simplement ceci, qui est l'inconnu. Rien n'est conscient de cette complétude parce qu'il n'y a rien de séparé.

Q : Alors, comment les discussions à propos du rien se produisent ?

A : Cela se produit, tout simplement. Personne ne le fait. Personne ne pourrait le faire. Il n'y a pas d'instance qui demeure, qui résume tout cela pour ensuite le partager. Souvent, au début des discussions, il y a une courte introduction. Quand j'ai commencé à faire ces discussions, j'ai essayé de résumer cela ou de penser à ce que je pourrais dire, mais j'ai jamais pu aligner plus de trois mots. Je ne peux pas rassembler ceci. Je ne sais rien à propos de ces discussions. Je ne peux pas résumer. Je ne sais rien à propos de ces discussions. Elles se produisent, pourrait-on dire. Je ne sais rien concernant l'unité. Je n'ai pas la moindre idée de ce qu'est l'unité. Il y a simplement ce qui est, mais si quelqu'un m'interroge à ce sujet, c'est évident qu'il n'y a pas de "je".

Q: Es-ce juste de dire que la question et la réponse sont tous deux l'unité, bien que la question semble confirmer la séparation ? Elle tend à confirmer cela à travers les mots qu'elle choisit.

A: Oui, c'est l'unité apparaissant en tant que questions et donnant des réponses; ensuite, le "moi" s'ajoute à la question et fait l'expérience de la question en tant que *sa* question. Il veut obtenir quelque chose de la réponse. Dans le sens où "je pose la question", "le moi" semble se renforcer. C'est ce qui semble se produire dans la quête. "Le "je" pose une question et le "je" obtiendra une réponse, alors c'est la preuve que je suis là." Encore une fois, il ne s'agit pas vraiment de la question en elle-même. En entendant cela , "le moi" pourrait essayer de ne pas poser de questions pour ne pas tomber dans le piège qui est de poser des questions, ce qui serait une action apparente parmi d'autres du "moi" et, par conséquent, renforcerait encore le sentiment du "moi".

Q: Y a-t-il quelque chose qui ne renforce pas le sentiment du "moi" ?

A: Non. "Le moi" se renforce en étant actif. Cependant, c'est le rien qui joue ce jeu.

Q: Apparemment, bien sûr.

A: Oui, apparemment. Pour le moi apparent, ne rien faire, ne pas être présent, en fait ne pas être, est complètement inimaginable. Parce que l'essence du moi consiste à être présent.

Q: Alors personne n'a à désapprendre à être actif ?

A: Non, bien sûr que non. Qui pourrait le faire ? Et pourquoi? D'un autre côté, "le moi" n'arrêtera jamais de fonctionner. Aussi longtemps qu'il y a quelqu'un, il y aura fonctionnement, manipulation. Même si c'est une présence vigilante. La libération n'est pas l'arrêt du fonctionnement du "moi" - c'est la fin du "moi" lui-même. Conjointement avec "le moi", le "fonctionnement" prend fin. Ce qui se produit dans la libération c'est que "le moi" n'a jamais été réel et par conséquent n'a jamais rien fait. Personne n' a à être prudent, faire attention se produit – sans l'effort du moi apparent. Se comporter se produit. La vie se produit. C'est l'unité – et le "moi" prend soin de, veut se détendre, veut ressentir ou, comme je l'ai dit, au moins veut regarder. C'est surprenant.

Q: Oui, tout est pour moi.

A: Bien sûr, c'est tout pour "moi" et tout tourne autour de "moi". Il n'y a rien d'autre.

Q: Tout tourne autour de "moi", mais je ne fais pas ça consciemment. C'est automatique. C'est la contraction, la construction de l'esprit.

A: Oui, c'est comme ça que le "moi" fonctionne apparemment. Personne ne fait fonctionner "le moi". Pourtant, aussi longtemps que le moi est présent, "le moi" vivra ainsi.

Q: Et en même temps je peux regarder cela se produire et cela devient plus calme.

A: Cela peut se produire mais ce n'est pas une solution. Cela peut devenir plus calme – tu peux interpréter cela comme un succès, mais, cela s'est simplement produit. Mais ce que tu négliges c'est que c'est déjà tout ce qui est.

Q: Mais le stress diminue un peu.

A: Apparemment.

Q: C'est intéressant, cet aspect de la séparation. C'est presque une tornade. C'est presque comme une possession. Dans un sens, c'est comme si tout l'ensemble avait pris le contrôle et tirait les ficelles.

A: Oui, il mène la danse. Il possède tout, apparemment. Il détient tout, apparemment. Ce centre apparent fait l'expérience de tout ce qui se produit. Tout est vu à partir de ce centre, tout est ressenti par ce centre, tout est pensé à partir de ce centre. Toute l'existence semble se rassembler autour de ce centre. Dans la réalité du "moi", le "moi" est le centre de l'univers, le centre de toute existence. Pas en tant qu'idée, mais comme une réalité ressentie dont il fait l'expérience.

Aussi longtemps qu'il y a le "moi", tout se produit pour "moi": Chaque pensée, chaque ressenti, chaque notion, est immédiatement à "moi" et est immédiatement expérimentée dans une réalité sujet-objet. Ma paix, ma joie, mon ego, mon incrédulité, mon succès, mon échec, mes pensées, ma colère, mon comportement, ma situation, mon expérience. Tel est le rêve. C'est mignon et arrogant.

Q: C'est aussi l'ignorance.

A: Oui, totalement. Ce n'est pas mauvais, cela apparaît simplement de cette façon.

Q: Au sein des contraintes de la conscience, il fait de son mieux.

A: Oui, bien sûr. Ses intentions sont bonnes.

Q: Il ne semble pas y avoir beaucoup de différence entre le moi et la fonction.

A: Oui, "je suis conscient de" est la structure de la séparation et donc du rêve.

Q: Désolé, je voulais dire qu'il n'y a pas beaucoup de différence entre le moi et le rien.

A: Oui, il n'y a pas non plus de différence : Les deux sont le rien. En fait, il n'y a pas de "deux". Exactement, c'est l'illusion: qu'il y a deux. Qu'il y a réellement une entité appelée "je". Il n'y en a tout simplement pas. Tout est le rien. Cependant, du point de vue de "je suis" - qui déjà est une histoire parce qu'il n'y a pas de rêve de "je suis" - ces réalités ne se rencontreront jamais. "Je suis" ne rencontrera jamais le rien.

Q: parce qu'ils sont identiques ?

A: Oui. Cependant, tout ce que le moi apparent fait c'est de vivre dans la séparation apparente. Tout ce qu'il fait c'est de vivre dans l'expérience. Mais on ne peut pas faire l'expérience du rien. Le rien n'est pas une expérience. C'est "ce qui est", y compris la structure possible de "je suis" et de l'expérience.

Q: Quand tu dis, "je suis", parles-tu de la conscience ?

A: Oui, "je suis" existe dans la conscience. "Je suis" est conscient de son existence.

Q: Alors quand des gens ont dit "je suis cela", ils faisaient signe vers quelque chose d'autre ? Je n'ai jamais compris cela.

A: En fait, moi non plus (rires). Mais oui, on pourrait dire que je suis rien. "Andreas, qui es-tu ?" - "Je suis rien". Une grande vérité de plus...(rires). Le dilemme est que le moi apparent fait l'expérience de la vie mais ce n'est pas la vie. Quand le "moi" meurt, ce qui reste c'est la vie, mais aussi longtemps qu'il y a quelqu'un, il y a une expérience de cela.
Alors la vie n'est pas le rien, alors la vie n'est pas l'inconnu, c'est quelque chose. Alors il manque quelque chose.

Q: Et on fait l'expérience de ce qu'on veut bien faire l'expérience, n'est-ce pas ?

A: Pas vraiment. Il y a beaucoup d'expériences que le "je" ne choisirait jamais. C'est le dilemme dans un sens. Il pense qu'il a la capacité de choisir. Bien sûr que non.

Q: Quand deux personnes font l'expérience de la même chose, ils voient deux choses différentes.

A: Oui, c'est vrai. Il n'y a pas non plus de choix concernant la manière dont les choses sont expérimentées. Mais en fait, c'est pareil Presque tout le monde s'efforce de changer leur expérience. Les gens spirituels s'efforcent de changer la manière dont ils font l'expérience des choses. - ce qui est aussi une tentative de changer leur expérience. Cependant, l'apparence ne voit pas le problème: Ce n'est pas l'expérience qui la rend insatisfaisante, c'est l'expérience elle-même. Ce n'est pas le mauvais temps, le méchant voisin, la personnalité désagrégée, non: c'est le fait que quelqu'un fait l'expérience de cela en tant que séparé et réel. C'est pour cela que c'est insatisfaisant.

Q: Le sentiment de séparation peut être décrit comme une énergie ?

A Oui.

Q: Peut-il y avoir plus ou moins de cette énergie, ou est-ce qu'elle est soit présente soit absente ?

A: Je dirais que, dans l'apparent processus d'effondrement, cela me semblait plus subtil. Mais en fait, la question c'est, est-ce que c'est là ou non.

Q: Mais cela peut apparaître de manière plus subtile.

A:Oui, mais apparemment. Dans mon histoire, il y a eu une période avec beaucoup de souffrances dans la quête. Mais je ne peux pas dire qu'il y avait plus de "moi" ou moins de "moi" quand la souffrance a diminué. Il n'y a jamais eu personne.

Q: Cela n'a rien à voir avec la libération.

A: Oui. Le moi apparent pourrait penser: "Ok, si je ne peux pas devenir libéré, au moins je peux essayer de devenir moins "moi."

Q: Parce c'est quelque chose dont on peut faire d'expérience. Au moins on peut en parler.

A: Beaucoup de gens font ça au sein d'un processus apparent. Il peut y avoir une expérience de perte de concepts, par exemple. Ensuite il peut y avoir quelque chose comme: "Ah, quelque chose est parti, en quelque sorte. Je me sens plus libre." En fait, cela s'est simplement produit mais, cela confirme que "le moi" est sur le bon chemin. "Désormais je suis plus libre.", "Désormais je suis plus proche de mon illumination." , "Désormais il y a moins de "moi". Mais celui qui pense cela est entièrement "moi".

J'avais ce sentiment intense d'être sur un chemin. Après cinq ans de quête intense, de combat, de paradis et d'enfer, ce genre de choses, j'ai eu un second éveil, ensuite pour moi une grande partie de cette énergie de lutte s'est effondrée.
J'ai vu qu'il n'y avait pas de"moi". C'est quand j'ai vraiment remarqué pour la première fois que j'y arriverais jamais. Beaucoup de choses sont tombées, et ma vie après cela a été beaucoup lus facile qu'avant. Mais, bien sûr, j'étais encore là. A partir de ce point j'étais illuminé. Mais comme je dis, c'est "je" qui était illuminé. Ce qui veut dire aussi que la quête a continué. Dans mon expérience, quelque chose d'énorme s'était produit, mais cela était arrivé - apparemment – à moi. Et la quête a semblé plus subtile.

Q: Es-tu en train de dire que ce qui s'est effondré, ce n'était pas "moi"?

A: Non, bien sûr que non. Il semblait y avoir un trou dans l'histoire. Un trou dans l'expérience d'être quelqu'un.

Q:Mais cela a entraîné un changement.

A: Oui, c'était merveilleux. J'ai eu un éveil et jusqu'à ce moment j'étais très impliqué dans la quête spirituelle. J'ai essayé d'être "ici et maintenant" et beaucoup d'autres choses. Je pensais qu'il y avait une réelle possibilité d'y arriver. Après, j'ai eu un autre éveil dans lequel j'ai pu voir que je n'y arriverais jamais. Pour moi c'était en fait un grand soulagement et cela a changé beaucoup de choses. La quête dans son intégralité s'est évaporée. C'est à partir de ce point que je suis devenu illuminé.(rires).

Q: Était-ce excitant ?

A: Après ? Oui et non. Oui, parce que je suivais le chemin de la quête spirituelle authentique depuis plus de cinq ans. Alors, c'était excitant et je fus soulagé. Ensuite j'ai vécu dans un centre spirituel et je pouvais voir tous ces gens qui essayaient d'atteindre l'illumination. Pourtant, je savais que je n'avais pas provoqué l'effondrement. Je n'étais pas fier parce que de toute évidence je ne l'avais pas fait. Mais pourtant il était clair que ça m'était arrivé.

Q: Il y a une tension énorme dans la quête, à essayer de devenir quelque chose qu'on ne peut jamais devenir.

A: Oui, bien sûr.

Q: C'est comme être à l'école ou d'obtenir l'amour.

A: C'est pire; Mais bien sûr, ce n'était pas encore l'unité; J'étais encore là – apparemment, bien sûr – je faisais mes affaires, je regardais, j'étais conscient, ce n'était tout simplement pas encore "ça".

Q: Mais tout cela c'était aussi "ça" ?

A: Bien sûr. C'était ce qui se produisait. Mais je ne pouvais pas le voir.

Q: C'est venu plus tard ?

A: Oui, quand je suis mort il n'y avait rien d'autre que ce qui se passait. Et il n'y avait jamais rien eu avant d'ailleurs.

Q: Mais cela a pris du temps, du point de vue de la séparation ?

A: Cela n'a pas demandé de temps, mais cela a semblé se passer dans le temps. Il y eu eu deux années de quête supplémentaires, apparemment plus détendues. Une période d'éveil plus détendue.

Q: Es-tu en train de dire que deux ans plus tard c'était la même chose que deux ans auparavant?

A: Oui, bien sûr. Et maintenant c'est la même chose qu'il y a cinq ans. C'est simplement ce qui se passe ou ce qui se passait.

Q: Mais cela nécessite l'absence du "moi" pour voir cela.

A: Oui. Mais personne ne voit cela, c'est simplement comme ça. Quand j'étais dans l'histoire, je n'aurais pas dit ça de cette manière.

A: Même quand tu étais dans un centre spirituel ?

A: Non. Là-bas j'aurais partagé l'histoire, raconté où je pensais en être dans ma vie.

Q: Et avais-tu le sentiment que ça allait changer pour ce que tu vis en ce moment ?

A: Que ça se changerait en rien – non. C'est inimaginable. Je m'attendais à ce que quelque chose se produise, comme chaque "moi".

Q: Il essaie pourtant.

A: Oui, il essaie d'imaginer le rien, mais il imagine quelque chose. Il ne peut pas imaginer le rien. Comment pourrait-il le faire ?
En quelque sorte, plus je m'en approchais, moins je m'attendais à ce que ça se produise. Même si en même temps, cela semblait de plus en plus évident que la quête n'avait pas autant d'importance qu'elle semblait en avoir quelques années auparavant. Cependant, jusqu'à la fin, il y a l'illusion que quelque chose doit se produire – pour moi. Et jusqu'à la fin, il y avait quelqu'un qui travaillait sur sa vie. Un petit

plus conscient. Un petit peu plus "ici et maintenant".

Q: Mais au final, rien de tout cela n'avait d'importance ?

A: Oui, rien de tout cela n'avait d'importance. C'est simplement une histoire. Cela n'a aucune pertinence. Cela n'a aucun rapport avec la libération. Peut-être que demain je raconterai une autre histoire.

Q:Tu peux en fabriquer une autre.

A: Tu crois vraiment que je peux m'asseoir ici encore et encore et raconter la même histoire ennuyeuse ? Attends que je raconte l'histoire de la vie antérieure.

Q:Je suis impatient de l'entendre. Je suis sûr qu'on s'est déjà rencontré.(rires)

A: Oui, ce n'était pas aussi bien qu'aujourd'hui. (rires plus prononcés)

Q: Rien n'est sacré ici.

Q: Il semble que je devienne conscient qu'il n'y a rien qui puisse être fait.

A: Non, bien sûr que non. Qui devrait le faire ?

Q: Du point de vue des questions, il y a de l'espoir.

A: Tu as encore de l'espoir ?

Q: Pas en ce moment même.

A: S'il y a quelqu'un, ce quelqu'un fait l'expérience de lui-même en tant que celui qui pose la question. Bien sûr, il veut obtenir quelque chose de ceci. Ce n'est pas simplement une question qui se produit, il veut obtenir quelque chose. Celui qui pose la question ne peut pas accéder à la joie de poser la question, non: il croit que la satisfaction se trouve dans la réponse. C'est comme ça que la séparation apparente fonctionne.

Q: En ce moment il est réalisé que quelque soit le nombre de questions posées, rien ne se passera.

A: Oui, bien sûr. C'est déjà tout ce qui est. Il n'y a rien d'autre. Cette conversation aussi, c'est pour rien. La croyance que tu obtiendras quoique ce soit de ceci est une illusion. La croyance que tu obtiendras quelque chose de quoique ce soit est une illusion.

Q: Ou qu'il y a quelque chose à obtenir.

A: Oui. Il n'y a rien à obtenir, rien à trouver et rien à perdre.

Q: Tu n'as jamais rien possédé. En cet instant où poser plus de questions est sans intérêts, comment est-ce que ça devient l'unité ?

A: Ce n'est pas nécessaire que cela le devienne, c'est simplement l'unité. C'est l'unité apparaissant en tant que "moi" qui réalise la futilité de poser des questions. Probablement, il continuera à poser des questions parce que c'était une réalisation au sein de l'histoire. Il n'y a personne qui peut vivre cette réalisation.

Q: Oui, c'était une vision pénétrante.

A: C'est le dilemme avec les visions pénétrantes: l'unité apparaît en tant que vision pénétrante, mais s'il y a quelqu'un, la personne apparente fait l'expérience de ceci en tant que vision pénétrante . Elle pense qu'elle a appris quelque chose. C'est simplement une vision pénétrante qui s'est produit. C'était déjà ceci. Une vision pénétrante pour personne.
Tu sais, s'il y avait quelqu'un qui pouvait vivre les visions pénétrrantes, il n'y aurait pas de surpoids dans le monde. Il y a

beaucoup de gens qui savent qu'il n'y a pas de "moi". Il ont eu un aperçu, mais ont encore le sentiment d'être quelqu'un qui essaie d'intégrer cette connaissance dans leur vie quotidienne. C'est impossible. Le "moi" apparent n'arrêtera jamais de poser des questions. Il n'arrêtera jamais de chercher. Il arrêtera peut-être de venir aux meetings pendant quelques temps, mais il vivra dans la question "Comment pourrais-je...?".

Q:La question est l'obstacle...

A: ..."le moi" est l'obstacle...

Q:...et "le moi"est un interrogateur.

A:Oui, apparemment. "le moi" pose la question. Il ne peut pas être sans la question qui est, comment devenir un.

Q: Parfois il est suggéré de laisser chercher le "moi", mais il n'y a personne qui pourrait faire cela.

A: Oui, ceci n'est pas un enseignement pour apprendre à renoncer à la quête. "le moi" ne peut pas arrêter de chercher. Il ne peut pas exister sans chercher parce que "le moi" est la quête. Il n'existe que dans la séparation apparente. Mais bien sûr, il n'y a pas de réponse. Les questions posées par le moi apparent ne trouveront jamais de réponses. En fait, il pose une seule et même question: "Comment devenir un ?" a cette question il n'y a pas de réponse. Il n'y a pas de réponse parce qu'il n'y a pas de séparation.

Q: Mais parfois il semble parvenir à extraire une réponse; ensuite on dirait qu'il a obtenu quelque chose.

A: Oui, au sein de l'histoire le "je" peut obtenir quelque chose de très important et spécial. (rires)

Q: Mais quand tu dis que c'est seulement "le moi" qui a réalisé quelque chose c'est brillant.

A: Oui, absolument. Pourtant, cela n'a aucune signification, sauf pour le "moi".

Q: J'ai posé cette question maintes et maintes fois, mais je ne vois toujours pas la continuité de tout cela. En quelque sorte, ça s'arrête ici et commence là-bas.

A: Il n'y a pas de continuité. C'est dans l'histoire.

Q: Mais si tout est le rien, c'est la continuité dans un sens n'est-ce-pas ?

A: Oui, cela peut sembler être ainsi, mais en fait, c'est intemporel. C'est simplement l'intemporalité. Le rien est au sens propre du terme "pas de chose", ce qui signifie qu'il n'y a " pas de chose", ce qui totalement insaisissable. Ce n'est pas " toujours" comme certains le disent, c'est intemporel.

Q: Le moi veut voir cela comme une continuité.

A: Oui, bien sûr, l'idée qu'il y a quelque chose qui existe toujours, est très attractif. " Le moi" aimerait qu'il existe quelque chose sur laquelle il puisse compter. Pourtant, puisque tout ce qui est, est le rien, il n'y a pas de continuité. S'asseoir, respirer, cette conversation est intemporelle, en dehors de l'espace. Le rien ne requiert pas de continuité.

Q: "Le moi"ne peut pas voir les choses autrement que de manière linéaire. Il voit la cause et l'effet, le temps, comme des événements séparés qui se produisent les uns après les autres." Cet événement produit cette perception, ceci se changera en cela" et ainsi de suite. Il voit des connections partout.

A: Oui. Vivre dans le temps fait partie du rêve de la séparation. Un événement suit l'autre. Au sein du rêve, tout se produit comme une série d'événements. Mais c'est le rêve. Il n'y a pas de série d'événements. Le temps ne passe pas. Comme je l'ai dit, c'est intemporel. Beaucoup de gens qui viennent ici pensent que la libération est l'événement final, mais qui durera indéfiniment. Et que cet événement est le résultat de leurs actions. Mais il n'y a pas de libération. Il n'y a pas d'événements réels appelés "libération". La libération, également, est une histoire.

Q: Mais tu en parles.

A: Non.

Q: C'est ce qui se produit.

A: Apparemment. Nous parlons de beaucoup de choses qui ne sont pas réelles : la faim, le moi, le temps.

Q: Le moi n'aime pas le mot "apparent". Il nie son existence.

A: Oui, c'est vrai. Cela lui retire "sa réalité" - et c'est ce dans quoi le "moi"vit: dans la réalité. Tout ce qui est dit ici aboutit au mot "apparent". C'est cet apparent auquel le moi apparent ne peut pas accéder. Il déteste ça. Parce qu'il ne peut pas l'entendre « tout ceci ne se produit qu'apparemment ? Qu'est-ce-que ça veut dire ! Je pensais que nous étions assis ici. Bien sûr que tout cela est réel » .
Le moi apparent ne peut pas faire face à cela. Pourtant, c'est le cœur du message. Rien de ceci n'est réel. Tout cela est apparent. Tout cela est l'inconnu, le mystère apparaissant en tant que ceci. C'est l' "apparent" qui le rend entier.

Q: Le "moi apparent" le rend entier ?

A: Non, le mot "apparaît" ou le fait que ceci "apparaît" le rend entier. Ceci est réel et irréel. Alors que le moi apparent ne peut accéder qu'au réel, il néglige "l'irréel". C'est pour ça qu'il lui manque la moitié – et qu'il reste insatisfait. Parce que ce n'est pas seulement réel. C'est réel et irréel.

Q: Est-ce-que tu as dit hier:"comment quelqu'un pourrait s'asseoir sur une chaise ?"

A: Oui. Comment pourrais-tu t'asseoir sur une chaise ? Comment pourrais-tu être ici ? Comment pourrais-tu vivre ? Le moi apparent est apparemment conscient de ce qui se passe apparemment. C'est pourquoi il fait l'expérience de choses qui lui arrivent à lui, ou comme si c'était lui qui produisait en quelque sorte ce qui se passe, ce qui apparaît.

Q: Il y a quelque chose de fondamental dans ce qui tu dis - « comment pourrais-tu t'asseoir sur une chaise ».

A: Oui, c'est une question. Et le dilemme apparent. Le moi apparent fait l'expérience de "s'asseoir sur une chaise". A cause de cela, il fait l'expérience de lui-même en tant que quelque chose et demeure insatisfait. Naturellement " le moi" commence à chercher et croit que quelque chose doit changer et qu'il doit sûrement le faire, mais "ceci" est tout ce qui est. Toute la structure de "je suis", la conscience, l'expérience, l'insatisfaction et la quête, est illusoire. C'est aussi réel et irréel que n'importe quoi d'autre. S'asseoir sur une chaise se produit. Ou plutôt, cela se produit apparemment. Personne ne le fait. Personne n'est requis pour que ça se fasse. C'est la même chose pour tout. Respirer, penser, sentir, la pièce, l'atmosphère. Tout cela se produit apparemment.

Q: Alors ta réponse est, tu ne peux pas.

A: Je ne dis pas que tu ne peux pas- je dis que toute la structure est illusoire, il n'y a personne qui est conscient. Il n'y a personne qui vit.

Q: Mais le fait d'être assis sur une chaise se produit.

A: Apparemment.

Q: Mais l'apparent fait de s'asseoir sur des chaises apparentes dans une pièce apparente se produit.

A: Apparemment. C'est le rien qui se produit. Même si en fait le rien est au-delà de "se produit". C'est insaisissable.
Pourtant, ce qui semble aussi se produire, c'est un sentiment apparent de "je suis". C'est l'unité. L'unité apparaît en tant que structure de séparation.

Q: Mais dans la question "comment quelqu'un peut s'asseoir sur une chaise ?" il y a une réaction de rétractation ou l'invitation à tout cela.

A: Oui, on pourrait dire ça. L'invitation est de mourir dans ceci et de ne jamais revenir. Ce n'est pas mon invitation – les meilleurs fêtes se produisent sans toi ni moi. Bien sûr, il n'y a pas de "je" vivant qui peut mourir. Tout ce qui est, est ceci. Tout ce qu'il y a c'est ce qui se produit apparemment. "je suis" apparaît de manière intemporelle tout autant que n'importe quoi d'autre, mais dès que "je suis" apparaît, dans sa réalité, il y a toute l'histoire de "ma vie". Alors, même le sentiment de "je suis" y compris l'insatisfaction est immédiat. Au moment où "je suis" apparaît, le monde entier, y compris l'impression de réalité est l'impression d'avoir une vie, se déploie. Ce n'est pas réel, mais une apparence pure et immédiate. Dans ce sens, il n'y a pas de chercheur, il n'y a pas de satisfaction réelle, il n'y a pas de réelle quête, il n'y a rien de rien. Tout ce qui est , est l'inconnu- le rien apparaissant en tant que "ce qui apparaît". C'est ceci. C'est l'unité. Bien sûr, pour personne.

Q: Quand tu dis, "c'est ceci, il n'y a rien de plus.", du point de vue du "moi", le "moi" a raison parce il y a plus que ce qu'il peut percevoir.

A: Dans un sens, oui. On pourrait dire ça ainsi. Il y a la partie "irréel", mais on ne peut pas vraiment dire que c'est en plus parce qu'en fait c'est simplement ceci. Ceci est réel et irréel. Mais rien ne s'ajoute à l'expérience du moi apparent. En existant il vit dans la perception, ce qui veut dire qu'il vit dans la réalité. Mais "l'irréel" n'est rien qu'il puisse apprendre à percevoir. Cela peut être son idée, mais alors on est dans une histoire qu'il y a quelque chose qui existe qui est réel et irréel. Mais tout ce qu'il y a c'est le rien.

Q: Il ne peut pas voir le miracle absolu de ceci.

A: Oui, il ne le pourra jamais.

Q: Mais ma remarque c'est qu'il manque quelque chose.

A: Et bien oui, apparemment. Cependant, ce n'est pas réel. Mais oui, dans le rêve de "je suis" il y a un sentiment de manque. Cela fait simplement partie du rêve de "je suis".

Q: Alors, quand quelqu'un dit, "Tout ce qui est, est ceci", le moi ne peut pas le voir.

A: Oui, bien sûr, il ne peut pas.

Q: Alors il manque ceci. C'est pourquoi il continue de chercher. "Je suis" cherche quelque chose de mieux.

A: Du point de vue du moi apparent la quête est absolument logique et la seule chose qu'il puisse faire. Dans ce sens, il n'y a rien de mal à ça.

Q: Dans un sens c'est même exact dans sa perception parce qu'il peut percevoir ce qui est réel et continue jusqu'à ce qu'il trouve. Parce qu'il sait que ce n'est pas ça.

A: Il n'y a rien de mal à chercher. Ce qu'il ne peut pas accepter c'est que toute cette structure est illusoire.

Q: Es-tu en train de dire que ce dont il fait l'expérience est aussi illusoire ?

A: Oui, bien sûr. Il n'y a rien qui fait l'expérience de quoique ce soit. Tel est le rêve. C'est la structure de la séparation. Il n'y a personne qui fait l'expérience et il n'y a pas non plus d'expérience ni quelque chose dont on fait l'expérience. Pour raconter une histoire, je pourrais dire que je fais l'expérience de ceci, aussi. Mais bien sûr, c'est illusoire. Il n'y a pas de "je", et il n'y a rien dont on fait l'expérience.
Mais c'est ce qui rend cela entier. Pour le moi apparent, si quelque chose est illusoire cela a moins de valeur parce qu'il vit dans la réalité. Et c'est tout ce qu'il veut: le réel.
Dans la libération, ce qui reste, s'asseoir, respirer, ce n'est pas séparé, et c'est réel et irréel. C'est l'irréel qui rend cela entier. Et joyeux. Magique. Fabuleux.

Q: Alors, quelque chose s'ajoute au rêve de la réalité ?

A: Non. C'est déjà réel et irréel. C'est simplement dans le rêve de "je suis" que la moitié est supprimée, qu'il y a seulement le "réel".
Rien n'est réel. Il n'y a rien de réel à trouver, mais c'est ce que le chercheur veut. Il veut trouver quelque chose de réel. Quelque chose sur lequel il peut compter, quelque chose qu'il peut posséder, comprendre, sentir, travailler dessus, dont il puisse être fier, frimer, mais il n'y a rien de réel. Il ne peut pas se trouver lui-même. Il n'a pas besoin de trouver. C'est déjà l'unité.

Q: Mais pas pour moi.

A: Oui, pas pour moi. Ce qui est aussi l'unité. Tu vois, il n'y a pas de "toi" qui est séparé. Tout ce désespoir et cette quête, ce profond désir est l'unité apparaissant en tant que rêve. Au sein du rêve de "je suis" la séparation semble complètement réelle, pourtant, elle peut exploser en un instant. Tout cette structure énergétique de "je suis" et "je suis séparé", le désespoir, ce "je dois l'obtenir" peut éclater instantanément. Rien n'est requis – cela peut se produire comme un claquement de doigts, et tout le jeu est terminé.

Q: Cela peut simplement se produire.

A: C'est une histoire, mais oui.

Q: Cela ne dépend-il pas de l'état apparent dans lequel est le moi ? J'ai traversé un épisode de dépression sévère. Quand j'étais dans cet état, je pensais qu'il y avait seulement moi et seulement la souffrance. Ensuite il semblait qu'il ne pouvait y avoir rien d'autre. Seulement la souffrance semblait réelle à ce moment.

A: Cela peut s'effondrer en un instant. Ça se termine sans que tu deviennes plus éclairé, plus heureux ou quoique ce soit. Certaines personnes racontent que l'effondrement s'est produit pendant une grande dépression et leur plus profond désir. Le désir est un bon exemple – même si c'est une histoire, pas une méthode. A un certain point, le désir peut devenir si absolu qu'il est vu que, de toute évidence, il n'est pas réel.

Parce que lorsque nous parlons de quelque chose qui est exactement comme ceci, c'est exactement comme ceci. Comme être assis ou la transpiration ou le bruit. C'est seulement ceci, c'est là sa beauté. Rien n'est ajouté parce que c'est vraiment ceci. Rien de plus, rien derrière. Et même si je dis que l'aspect d'irréalité se présente, ce n'est pas vraiment vrai. Parce qu'il est toujours là. C'est déjà réel et irréel. La libération n'a rien à voir avec l'état dans lequel le moi apparent croit être. Cela n'a rien à voir du tout avec le moi apparent – ce qu'il pense, où il en est dans sa vie, ce dont il a déjà fait l'expérience, ses visions pénétrantes, sa soi-disante sagesse et ainsi de suite. Il n'y a aucune connexion. On pourrait presque dire que la fin du "moi" se produit en dépit du "moi", pas à cause du "moi". C'est totalement sauvage.

Q: Qu'en est-il de l'incarnation ? Pour moi il semble que le corps doit s'ajuster à l'énergie. Hier tu parlais de la peur de se fondre et de retourner dans le tout. Pour moi il semble que ce soit totalement physique. Est-ce que la peur a disparu une fois que ça se produit et qu'il y a simplement "waouh" ?

A : Bien sûr, quand il n'y a personne, la peur est partie. Un ajustement peut encore apparaître, cependant ce n'est plus réel. Ensuite, on n'en fait pas l'expérience comme un processus, c'est simplement le rien apparaissant en tant que ceci. Pour ce qui se passe avant il n'y a pas de règles. Oui, il semble y avoir un processus apparent, ce qui peut être assez intense. Mais cela peut prendre fin en une semaine. Tout ceci peut culminer en un instant.

Q: Alors, il n'y a pas de repère ? Il semble que mon corps a encore besoin de plus de bases et d'espace.

A: C'est une idée. Peut-être ce sera ce qui se produit, mais c'est une histoire que ça doit être ainsi et que tu dois continuer pendant des années à t'ajuster à l'énergie.

Q: Mais est-ce que ça peut devenir ma réalité ? Aussi longtemps que je crois cela il se peut que j'ai besoin de plus de temps pour que l'énergie s'ajuste ?

A: Oui, c'est déjà ta réalité, mais tu ne la crées pas. Bien sûr, quand tu penses que c'est ainsi, à ce moment c'est ta réalité. Rien d'autre.

Q: Je sens que c'est bénéfique.

A: Oui, mais pour qui ?

Q: Et bien pour arrêter de s'investir autant dans un processus d'incarnation qui dans mon cas peut prendre encore quelques années...

A: Oui, mais ça peut aussi continuer après la libération. Pour moi ça ressemble plus à une attente, "Puis-je trouver une manière plus facile pour mourir ? Peut-être que, quand j'aurai suffisamment ajusté, il se peut que ça se produise comme ceci".

Q: *Peut-être qu'il y a une sorte de préoccupation par rapport à quelque chose qui me bloque.*

A: Quelque chose se produit encore pour "moi". "Je" devra toujours aller plus loin pour qu'il y ait simplement ce qui est.

Q: *Je sais, ça n'a aucun sens.*

A: Parfois j'ai l'impression que je fais encore des ajustements. Le mot n'est pas approprié parce que l'ajustement implique le sentiment de processus. Il n'y a pas d'intérêt à ce que tout soit ajusté car tout cela n'est qu'une histoire. S'il y a quelqu'un qui a l'impression qu'il y a ajustement, on pourrait conclure que je m'ajuste à quelque chose de séparé.

Q: *Alors, maintenant que mon esprit a rencontré tout cela, c'est peut-être une bonne idée de reporter la libération.*

A: Oui, le "moi" adore ça. "Le moi" adore reporter: "Oh oui, je veux la libération, mais en fait on peut voir ça plus tard. D'abord j'ai besoin de passer par un véritable processus d'ajustement." En fait le moi ne fait rien d'autre que reporter.

Q: *Pour moi il se produit un processus de sécurité.*

A: Bien sûr. Aussi longtemps que "je suis" cherche, "je suis" est en sécurité. Chercher est le meilleur moyen d'éviter la libération.

Q: *Et je voulais simplement mourir en paix sans douleur.*

A: Quand je me croyais sur un chemin, il y avait apparemment des processus intenses qui se produisaient comme la souffrance et d'autres choses. Mais cette intensité prouvait que j'étais toujours sur la bonne voie. Il y avait encore ce chemin spirituel très important et très profond, et ce qui était encore plus important, c'est que j'étais protégé de la mort. J'étais protégé de la mort parce que, aussi longtemps que j'étais sur un chemin, j'étais encore là. Peu importe si ça se passait mal ou bien, je n'avais pas à quitter la structure de la réalité elle-même.

Q: Je peux me relier à ça.

A: Il n'y a personne qui fait des progrès tout comme il n'y a personne dans un processus d'ajustement.

Q: Il y a beaucoup de doutes à ce sujet : si je pouvais laisser la félicité exister totalement, je ne serais plus là. C'est exactement ce qui est ressenti : le corps mourrait.

A: Oui, cela peut sembler aussi existentiel que ça. Pour le moi apparent, ça l'est sûrement. Il vit seulement dans l'illusion d'être vivant – une illusion qui n'est pas juste une idée, mais une structure énergétique, un sentiment profond d'être vivant. Dans la libération, cela tend à disparaître. C'est comme mourir, toutefois, au final, personne ne meurt. Mais jusque là, jusqu'au dernier souffle, cela peut sembler très existentiel.

Q: Quand j'ai eu ce sentiment, ce n'était pas comme quelque chose qui diminuait – je mourais !

A: Oh, oui, la libération ne se produit pas pour toi. C'est la fin de toi. Alors oui, la peur peut surgir.

Q: C'était très triste; comme la fin définitive de quelque chose.

A: Oui, c'est pour toujours. Tout a une fin, y compris "toi". Ce qui reste, c'est le rien. Quand la mort est terminé, ce qui surgit c'est une sorte de légèreté.
Je croyais que la libération était un événement ultra spécial. C'est pourtant surprenant que ça ne le soit pas. C'est ceci. Simplement ceci.

Q: Et tu n'as pas à faire quelque chose pour être dedans ?

A: Je ne suis pas "dedans" - "je ne suis pas", c'est encore mieux. Et bien sûr, je n'ai pas à faire quoique ce soit pour ça. Comme je l'ai dit, il n'y a personne qui pourrait le faire.

Q: Mais maintenant, on dirait que, si on changeait de chemins, ce serait différent. Et que ça changerait si on devenait plus ouvert, par exemple.

A: Absolument. Tout ce "serait" n'a pas de sens. Personne ne peut être ouvert à ça. C'est une histoire que les enseignants aiment. En fait, rien n'a d'importance.

Q: D'ailleurs, aucune chose dans un état apparent n'a d'importance.

A: Oui, absolument rien n'a d'importance.

Q:Il y a une histoire apparente qui dit que cela a de l'importance. Si je changeais de voie la libération se produirait plus tôt. Ou que je me bloque la voie.

A: Oui, c'est l'idée de "je suis": Je dois être différent pour "cela". Quelque chose doit encore se produire. Je devrais être plus ouvert, je devrais...quelque chose.

Q: L'histoire n'a pas de pertinence. En d'autres mots, on ne peut pas retarder ou accélérer quoique ce soit ?

A: Oui, exactement. Parce que c'est déjà l'unité.Il n'y a rien à retarder ou à précipiter. Tout ce qui est, est l'unité. C'est une idée qu'il y a plus d'unité après la disparition du moi apparent. Oui, cette idée, aussi, est l'unité. Il n'y a rien d'autre que ce qui se passe. C'est une idée du "moi" que plus tard, il y aura plus d'unité. Le miracle c'est que, en fait, rien ne change vraiment. Tel est le changement apparent: que plus rien n'a besoin de changer.

Q: Quand tu as utilisé le mot "désir"...

A: ... dans un sens le désir n'a pas d'importance. Le moi apparent vit tout le temps dans le désir. Mais dans l'histoire il semble y avoir des degrés de désir. Le désir de l'unité peut devenir très existentiel, alors que d'autres ne vont peut-être même pas le remarquer. Pour moi la quête semblait être si forte que cela prenait toute la place dans ma vie. Je ne pouvais pas faire un travail normal ou faire mes études.

Q: Et ce n'était pas voulu par toi.

A Bien sûr que non. Je n'aurais pas choisi cela.

Q: Y a-t-il un lien entre le désir de libération et la libération ?

A: Non. Chaque "moi" désire la liberté, consciemment ou non. Mais la fin du "moi" ne se produit pas en fonction de l'état du moi. Je connais des gens qui ont beaucoup cherché pendant la majeure partie de leur vie apparente.

Q: Et ils pensent encore qu'ils sont passés à côté ?

A: Oui, apparemment. Ils ont beaucoup de connaissance, pourtant, apparemment, il y a encore quelqu'un.

Q: Le QI de la quête doit être énorme alors.

A: Oui, ils connaissent toutes les réponses. Pour certains c'est devenu un endroit confortable et d'autres sont aussi consumés qu'avant.

Q: Waouh.

A: Oui, waouh.

Q: Bien qu'il semble ne pas y avoir de prérequis pour que le "moi" disparaisse, à partir d'un point de vue apparent on dirait que supprimer le système de croyances que le "moi" entretient sur lui-même et la vie semble être utile dans le monde de la séparation. Et il semble qu'il y ait une histoire et que peut-être ces choses sont utiles en quelque sorte.

A: Oui, indéniablement, il y a cette histoire, pourtant elle n'est d'aucune aide. Supprimer le système de croyances, qui revient la plupart du temps à le changer, peut apparemment aboutir à une vie apparemment plus agréable, pourtant, c'est encore au sein de l'histoire et n'effleure pas le sentiment de "je suis", l'insatisfaction et la quête elle-même.

Ce qui semble souvent se produire dans ce processus apparent, dans cette éradication, c'est que ce système de croyances semble se détendre; mais ce qui semble se produire, aussi, c'est que le moi apparent fait l'expérience de cela en tant que quelque chose qui lui arrive à lui. Alors le chercheur dit: "J'ai décroché de plus en plus du système de croyances. Ce qui se passe en fait, c'est que "le moi" commence à travailler sur son système de croyances et crée une nouvelle religion. Et le plus ridicule c'est: le travail sur le système de croyances devient un nouveau système de croyances. Alors l'idée c'est qu'il y des systèmes de croyances réels dont on peut se débarrasser et qu'on est libre quand on est libéré de tous ses systèmes de croyances.

Q: Et que je me rapproche de l'unité parce que j'ai moins de systèmes de croyances est une histoire en soi.

A: Oui, ce qui est tout autant la séparation qu'auparavant. (rires)

Q: Tu ne parles pas de libérer "le moi" des idées.

A: Non, je ne parle dans aucun but. Il n'y a pas d'orientation ni d'intention.

Q: Et un sous-produit de cela c'est peut-être le "moi" qui pose des questions ?

A: Oui, on pourrait dire cela. En fait, poser des questions se produit et "le moi" pense que c'est lui qui les pose. Les questions et les réponses c'est ce qui se produit apparemment. L'illusion est que quelque part dans ce jeu il y a une entité séparée. S'il y a quelqu'un, l'illusion est: "Je pose cette question. "Mais poser des questions se produit simplement et est tout autant l'unité que la réponse.

Q: C'est intéressant de voir comme la question devient l'interrogateur.

A: Oui, dès que la question se produit l'interrogateur apparent se greffe à cela en tant que le propriétaire de la question; C'est comme: "Je pose la question parce que j'obtiendrai quelque chose de la réponse." L'interrogateur apparent ne peut pas faire l'expérience de la question en tant que l'unité. Il pense que l'unité se trouve dans la réponse. Il ne peut tout simplement pas accéder à la joie de poser la question qui est, quand la question est posée, tout ce qui est.
Poser la question est déjà l'unité.

Q: Le moi apparent a le sentiment d'être tout le temps en guerre – soit il se défend ou soit il attaque.

A: Oui, il est constamment insatisfait par rapport à ce qui arrive. Alors dans un sens, il en permanence en guerre avec "ce qui est".

Q: Es-tu en train de dire que cela n'a rien à voir avec le "moi" ?

A: Oui, c'est un sous produit. Il n'y a pas d'intention d'affaiblir le "moi" ici. Bien sûr, des changements dans l'expérience apparente du moi peut aussi se produire, pourtant, ce qui semble en fait se produire, c'est que le moi apparent soit déstabilisé par ce message. Mais comme je l'ai dit, ce n'est pas voulu, c'est plutôt un sous-produit.

Q: C'est grandiose parce que l'effet que cela produit sur moi c'est que je veux le comprendre. C'est tellement fou.

A: Oui, "le moi" veut se l'approprier ! Il veut intégrer l'unité dans sa petite vie.

Q: C'est un mégalomaniaque. Il veut que ce message soit le sien. Il veut arrêter cela et dire "j'ai vraiment besoin de comprendre ça, ensuite ce sera OK."

A: Oui, quel rêve.

A: La libération est la fin de l'expérience d'être une personne, ce qui n'a rien à voir avec les visions pénétrantes ou les expériences que la personne peut avoir eu. Tout ce que la personne a cru possédé ou avoir gagné est illusoire: Quand il croit être sur son chemin, il croit aussi qu'il est proche ou loin de l'unité. Cette dissolution peut se produire et passer complètement inaperçu. C'est juste la fin de "je suis", mais ce n'est pas un bénéfice. Ce n'est pas quelque chose dont la personne apparente fait l'expérience. C'est simplement la fin de "je suis", mais ce n'est pas un bénéfice, rien qui puisse s'ajouter à l'expérience de "je suis".

Q: Mais on dirait que "le moi" réduit l'unité et la libération à sa propre dimension.

A: Oui, bien sûr. C'est tout ce qu'il peut faire.

Q: Donc, pour moi on dirait que la dimension n'est plus là et que celui-ci voit les choses fraîchement.

A: Oui, c'est la fin du rêve. La dimension dans laquelle le moi apparent vit, est le rêve de la séparation. C'est un rêve basé sur la séparation, la réalité, le temps, l'espace et l'expérience. C'est sa dimension et oui: il perd complètement sa réalité.

Q: Alors pourquoi est-ce que cela n'est pas remarqué ?

A: Cela peut-être remarqué, mais en fait celui qui vit dans l'observation disparaît. C'est le moi apparent qui vit dans l'observation permanente et la connaissance de ce qui se passe. En fait, il disparaît.

Le rien peut apparaître en tant que l'observation que tout ce qui est, est le rien, cependant, cette observation aussi est illusoire. Ce n'est pas important et n'a pas de signification.

Q: A partir de la perspective du moi, la nature illusoire peut seulement être quelque chose qu'il rend réel.

A: Oui, il ne peut rien faire avec ça. Bien sûr, il peut essayer d'accepter ça en quelque sorte, alors qu'en fait, il transforme ça en un nouveau "quelque chose".

Q: Il puise dans ses propres ressources pour trouver ça.

A: Et maintenant il essaie de trouver "l'illusoire". Bien sûr, il ne peut pas. C'est inimaginable. "Le moi" ne peut pas non plus simuler. Il n'essaie même pas de rendre cela irréel ou illusoire. Il ne peut pas concevoir quoique ce soit dont il pourrait faire l'expérience en tant qu' "irréel". Peut-être les drogues. Avec quoique ce soit d'autre, il trouve une méthode. Il essaie d'accomplir l'amour, de ne pas juger. Il essaie même d'être atemporel, ensuite il essaie de ne pas prévoir les choses. Il a une idée de la manière dont il peut atteindre n'importe quelle chose, mais concernant "l'irréel" il ne peut concevoir aucune méthode.

Q: Pourtant, le "moi" vient ici et pense qu'il peut obtenir quelque chose.

A: Bien sûr. Partout où il va, il pense qu'il peut obtenir quelque chose. Ou s'il constate qu'il ne peut rien obtenir, il veut s'en aller.

Q: Dans un sens les distractions deviennent l'ennui.

A: Dans un sens, oui.

Q: Il n'y a rien ici. Rien non plus là-bas.

A: Non. Le moi apparent attend quelque chose de ce dont il fait l'expérience. Dans la libération il n'y a pas de chercheur, alors il n'y a personne qui s'attend à trouver quoique ce soit. Personne ne cherche quelque chose, ni dans un événement ni dans la lecture d'un livre, ou en regardant un film ou en faisant une pratique spirituelle. Lire un livre peut apparaître, mais pour personne.
S'il y a quelqu'un qui fait l'expérience du vide des choses, c'est inconfortable:
"C'est horrible. Je ne peux même plus me distraire. Il y a tout le temps ce merveilleux jaillissement de la vie; cela ne me laisse aucun répit" (rires)
C'est drôle. En fait le moi apparent a besoin de distractions par rapport à son propre fonctionnement. Il a besoin de se distraire de lui-même.

Q: Il semble aussi être distrait par d'autres "moi" parce qu'il pense qu'il peut passer à côté de quelque chose qu'un autre pourrait avoir. C'est encore une forme de quête dans la distraction.

A: Aussi longtemps qu'il y a quelqu'un, "je suis" cherche. Il cherche dans ce qu'il fait apparemment.

Q: Il n'a pas d'assurance, alors il cherche un autre "moi" pour s'en inspirer.

128

A: Oui, il regarde les autres et compare. Bien sûr, puisqu'il n'y a personne, il ne trouvera rien non plus.

A: Le moi apparent utilise tout pour lui-même, pour ses objectifs, pourrait-on dire. Le moi apparent cherche dans ce qui se produit parce qu'il fait l'expérience de lui-même en tant que quelque chose séparé: "Qu'est-ce que cette réponse m'apporte ?" Il cherche dans le contraire, dans le second: " en quoi ceci est bon pour moi ?" Il regarde, analyse – toujours en espérant obtenir les bonnes réponses, pour obtenir la connaissance, pour devenir meilleur, plus expérimenté – pour son bonheur futur.
Tout cela se produit dans le rêve. La croyance que j'obtiendrai quelque chose de quoique ce soit est un rêve. Il n'y a pas de situation réelle et il n'y a personne qui fait l'expérience de cela. C'est pourquoi le "moi" échoue. C'est pourquoi il n'est jamais satisfait. Et même s'il y a un moment de satisfaction, le moi apparent ne sera pas satisfait de cela. C'est vraiment une plaisanterie !

Q: Dirais-tu que la quête corrobore la séparation et par conséquent la perpétue ?

A: On pourrait dire ça comme ça, cependant, c'est une histoire. En fait "le moi" ne fait rien. Cependant, c'est ainsi que la séparation apparente semble fonctionner. La quête ne mène pas à une découverte. Dans toute la structure de "je suis" il n'y a pas de découverte ou plutôt: tout ce que le moi apparent croit avoir trouvé n'engendre pas la satisfaction. Il s'avère que ce n'est rien. Le moi existe seulement dans l'expérience qu'il est réel, qu'il vit dans monde onirique, insatisfait et en quête. Dans cette structure, il n'y a pas de résultat. La quête peut mener à un résultat apparent, qui reste toutefois insatisfaisant et donc la quête continue. On pourrait même dire que parce que cela semble fonctionner, le moi apparent est conforté dans sa quête. En fait, en étant actif, il confirme sa propre existence.

Q:Quand tu parles d'un déclin progressif, est-ce que la quête prend fin ?

A: La quête ne prend pas fin. La quête prend fin avec le chercheur. En fait, le chercheur n'arrête pas – le chercheur meurt. Alors la quête prend fin également.

Q: Alors il n'y a pas de cause et d'effet ?

A: Non. Cela fait partie du monde illusoire, ajouté de "je suis".

Q: Maintenant, nous sommes aux limites de la compréhension. Mais ce qui se produit c'est le rien ?

A: Tout ce qu'il y a, c'est le rien apparaissant en tant que ceci; C'est tout. Il y a rien de plus, et rien d'autre.

Q: Et le "moi" fait aussi partie de cela.

A: Ce n'est même pas une partie de cela – c'est aussi cela.

Q: Mais tout ce qui est, est ceci. Sans le moi ?

A: Oui, les deux sont ce qui est. C'est une illusion de croire que ce sont deux choses différentes. Qu'il y a une chose appelée "moi" et quelque chose appelée "pas moi". Il y a simplement l'unité apparaissant en tant que "ce qui apparaît".

Q: On dirait que ce sont deux mondes séparés.

A: On dirait que ce sont deux réalités mais ça aussi, c'est une apparence. A la fin du moi c'est évident qu'il n'y a pas deux mondes. Il y a seulement l'inconnu apparaissant en tant que ceci. Tel que c'est. Il n'y a pas deux mondes – ni de monde onirique réel, ni personne à l'intérieur de ce monde. C'est la liberté.

Q: Oui, c'est merveilleux. Mais qui fait l'expérience de cette liberté?

A: Personne, bien sûr. Tout cela n'a aucun but.

Q: Il semble qu'une fois"ceci"présenté, alors il y a l'expérience de ce qui le détruit, et cela devient une objectivation de ceci.

A: Oui, bien sûr. Aussi longtemps qu'il y a quelqu'un, cela sera objectivé. Aussi longtemps qu'il y a quelqu'un, ce sur quoi la personne travaille sera objectivé. Le moi apparent pense aussi que quelque chose émergera de ces discussions et se produira pour lui. C'est ainsi qu'il vit.

Q: Il ne vit pas vraiment ?

A: C'est vrai. Il ne vit pas parce qu'il n'est pas réel. C'est comme une chaise et le sol – une apparence. Il n'y a pas d'instance appelée "moi" qui a une vie. Dans le rêve du moi, "le moi" a une vie. Tel est le rêve.

Q: C'est étrange qu'il y ait ce changement dans l'objectivation.

A: Parce que dès qu'il y a quelqu'un qui cherche quelque chose, on est dans la structure de la séparation. Ce message, pour ainsi dire, est évident quand personne ne cherche. Quand "je suis" est assis ici, ce qu'il fait c'est s'asseoir ici et regarder là-bas. Il regarde la pièce et ne peut pas trouver "ceci". Il vit à partir de lui-même en tant que centre vers l'autre "là-bas". Telle est la séparation. Et parce qu'il vit dans le rêve d'être "quelque chose", ce qu'il voit est aussi "quelque chose". C'est pourquoi "être assis ici et parler" n'est pas suffisant. Il ne peut pas voir le rien, simplement parce qu'il est seulement capable de voir "quelque chose". Le rien n'est pas vraiment évident, c'est simplement tout ce qui est.

A: Le "je" veut se débarrasser de son ego et apprécier son absence – c'est une plaisanterie énorme. En quelque sorte il rêve de s'asseoir sur la plage de la vie une fois pour toute et apprécier cet état moelleux et sans ego.

Q: C'est vrai...(rires)...mais ce il n'y a rien de mal non plus à cela.

A: Non, il n'y a rien de mal à cela. Mais cela n'arrivera jamais.

Q: L'esprit est déjà en train d'essayer de fissurer cela. Il veut trouver quelque chose dans ce message et ne veut pas abandonner.

A: Non, il n'abandonne pas. Il n'abandonnera jamais. Même s'il est reconnu un million de fois qu'il n'y arrivera pas, il continuera d'essayer.

Q: Il est accro à l'illumination dans un sens, n'est-ce pas ?

A: Il est accro à la quête. Il existe seulement dans la séparation et la quête. Il est ce qui est apparemment séparé. L'illumination est tout simplement le meilleur but. Tout ce qu'il y a de bon, de sacré et de joyeux peut être projeté sur l'idée de l'illumination. En quelque sorte le moi apparent attend toujours le meilleur à venir – quelque chose de parfait – pour "lui". Ce n'est pas seulement un meilleur travail ou plus d'argent. Non, quelque chose qui fait vraiment la différence. (rires). C'est l'idée et l'espoir de l'illumination. Le big bang c'est quand tout devient clair et complet, ou saint, heureux, ou satisfaisant, ou tout ça à la fois.

Q: Alors quand le moi tombe ou quand il est percé à jour, c'est l'unique option ?

132

A: Dans un sens oui, mais ce n'est pas vraiment une option. Tout d'abord, c'est une histoire. Tout ce qu'il y a c'est ceci. Tout ce qu'il y a c'est ce qui se produit, apparemment. Donc, tout autre alternative est illusoire. Pourtant, en tant qu'histoire, on pourrait dire que la libération est la fin de la structure de la séparation. Pourtant, personne ne choisit cela. Personne ne choisit de mourir. Mais quand cela se produit apparemment, il ne reste personne.

A: Un jour, j'animais ces discussions dans un petit centre spirituel. Deux femmes étaient présentes par erreur – elles étaient venues sans savoir de quoi il était question. J'ai commencé à parler et après quelques minutes j'ai vu la peur surgir sur leurs visages. Après quelques minutes nous avons tout arrêté. L'une des femmes a dit qu'elle ne voulait pas entendre cela. Elle a même dit que ça l'effrayait et que tout ce message était terrifiant.

Q: Alors, si quelqu'un vient ici et s'en va, c'est pareil.

A: Oui, bien sûr. C'est l'unité. Qu'elle a manqué quelque chose est une histoire.

Q: C'est aussi une histoire qu'elle a fait une erreur en venant ici.

A: Oui, pas d'erreur. C'est la vie. C'est la joie.

Q: Il n'y avait simplement rien pour "moi".

A: C'est la réalité du moi. " Le moi" vit ainsi. S'il n'y a rien de disponible pour "moi", il ira ailleurs.

Q: Peut-être qu'il s'en ira et méditera ou fera des asanas de yoga.

A: Oui, peut-être.

Q: Ce message semble mettre un terme à la capacité de l'esprit de pénétrer quoique ce soit. Il ne peut pas aller plus loin. Il ne peut tout simplement pas empiéter sur quoique ce soit d'irréel.

A: Oui. C'est au-delà de ses limites. "Le moi" vit uniquement dans la réalité. Il ne peut pas accéder au "réel et irréel". Il ne peut y accéder, ni par la pensée, ni par l'expérience, ni par la perception, ni par la sensation. C'est complètement. Il est complètement impuissant ici.

Q: Il revient à sa propre histoire quand il essaie ce genre de choses.

A: Oui, il reste dans la structure de l'expérience.

Q: Il opère à partir d'un centre.

A: Oui. «Je suis» est le centre, ce qui est illusoire.

Q: Il fait des choses à partir de ce centre, ou du moins, c'est ce qu'il croit.

A: Oui, apparemment, pour le "moi" tout se produit à partir de ce centre. Tout est vu à partir de ce centre. Chaque pensée se produit ici. Chaque perception se produit ici, chaque expérience se produit pour ce centre. Tout est ressenti à partir d'ici et tout est fait à partir d'ici. Tel est le rêve. Ce centre - "Je suis" - est illusoire. C'est le rien lui-même apparaissant en tant que sensation d'un centre. Ce n'est pas réel du tout;

Q: Il y a un paradoxe en cela qui est aussi le rien.

A: Pour le moi apparent, oui. Parce que le moi apparent ne peut pas y accéder. Cela ne fait tout simplement pas partie de son expérience et met en évidence son dilemme fondamental: de faire l'expérience de lui-même en tant que réel uniquement, et non en tant que réel et irréel. Entre les deux, il n'y a pas de pont. Ce dilemme est insoluble. C'est insoluble parce que c'est irréel.

Q: Quand on dit que c'est tout ce qui est, je veux aussi inclure les choses qui sont à l'extérieur de cette pièce.

A: Quand le "moi" pense à tout ce qui est, il pense à tout ce qui est en tant que tout ce à quoi il peut penser. Le monde, l'univers, sa vie, les gens et ainsi de suite. Mais le miracle est que c'est absolument tout . Ce qui est et ce qui n'est pas. Ce qui se produit est le rien apparaissant en tant que pièce dans laquelle les gens semblent s'asseoir et discuter à propos du rien. C'est tout ce qui est.

Q: Est-ce que tout ce qui est c'est tout ça ou est-ce que c'est le rien ?

A: C'est les deux. S'asseoir dans une pièce c'est le rien et tout ce qui est, ce qui est le rien. Ce n'est pas une chose, mais c'est tout ce qui est. Il n'y a rien de séparé là-bas, pas plus qu'il n'y a quelque chose dans cela. Sauf dans l'esprit. Ce qui bien sûr, serait aussi le rien apparaissant en tant qu'un esprit imaginant quelque chose– ce qui serait aussi l'unité.

Q: En ce sens, tout, y compris le contenu de l'histoire dont nous parlons ou le contenu de n'importe quel régime politique est le rien apparaissant en tant que quelque chose.

A: Oui. C'est théorique, mais, oui, bien sûr. Tout ce qui apparaît est le rien. La conversation que nous avions au petit déjeuner était le rien apparaissant en tant que conversation. Il n'y avait pas de chemin. Il n'y a pas eu de seconde guerre mondiale, il n'y a pas d'allemands. Ce qui s'est produit apparemment était le rien apparaissant en tant que personnes assises à une table, parlant de politique du vingtième siècle. Être assis autour d'une table, parler et échanger des opinions, est la vie. Rien de ceci n'est réel, bien sûr.

Q: Et en quelque sorte, cet émergence du rien apparaît aussi en tant qu'un individu qui en fait l'expérience.

A: Oui, c'est ce qui semble se produire: être assis à une table et parler de politique du vingtième siècle et apparemment quelqu'un qui fait l'expérience de cela. Tel est le miracle, et le "moi" ne peut pas y accéder: L'apparence du "moi" est aussi le rien. Il n'est pas séparé. Il n'y a pas de réelle entité "moi". Cependant, dans son expérience, c'est totalement clair – et la réalité toute entière – que le "je" était assis à une table et que "nous" parlions de politique et qu'il y a vraiment eu une seconde guerre mondiale. Tel est le rêve.

Q: Et la souffrance ? Y a-t-il encore de la souffrance quand il n'y a personne ?

A: Oh oui, la souffrance peut apparaître. Mais s'il y a quelqu'un, souffrir est expérimenté en tant que quelque chose de séparé et donc de réel. Sans "le moi", c'est le rien apparaissant en tant que souffrance. Et c'est le tout.

Q: Mais on ne peut rien faire contre ou essayer de l'éviter ?

A: Oui, exactement. Pourtant, essayer de l'éviter peut apparaître aussi. Mais les deux – la souffrance aussi bien que l'évitement de la souffrance – sont simplement la vie apparaissant en tant que ceci. Dans la libération il n'y a personne. Il n'y a personne dans la vie qui essaie consciemment de "faire la vie" pour en tirer le meilleur parti. La vie se produit, tout simplement. C'est comme ceci – sans effort. Pourtant, bien sûr, il n'y a personne qui pourrait choisir. La personne qui veut éviter de souffrir n'est pas réelle. Ce n'est pas une entité réelle qui peut choisir ce qui apparaît. Telle est l'illusion: que le "je" joue en quelque sorte un rôle. Et si "j' 'avais suffisamment de connaissance, "je" serais capable de ne jamais ressentir la souffrance, et je me sentirais bien constamment. Je ne connais personne qui est arrivé à cela. Des gens déclarent avoir trouver une échappatoire à la souffrance, mais la plupart enseigne une méthode.

Q: Et le suicide ?

A: Dans un sens il est suggéré ici. Ce qui est une histoire parce qu'il n'y a personne pour choisir cela. En fait, il n'y a déjà personne de vivant. Le suicide est une idée dans l'histoire du "moi", une tentative de garder le contrôle. "Si tout devient aussi horrible, au moins je pourrais me tuer". Non, tu ne peux pas. Qui est là pour le faire ?

Q: Alors on peut seulement attendre.

A: C'est une autre idée du moi apparent. Qui est là pour attendre ? La libération ne viendra pas. Rien n'arrivera. Ceci est tout ce qu'il y a. Ceci est l'unité, exactement tel que c'est.

Q: Maintenant je me sens pris au piège. C'est inconfortable.

A: Oui, il n'y a pas d'échappatoire. Pour ce qui vit uniquement en essayant de trouver une échappatoire, c'est dur.

Q: C'est vrai, il n'y a rien à ajouter à ce qui se produit ?

A: Oui, il n'y a rien à ajouter et il n'y a rien à se débarrasser. Il y a simplement ceci et c'est tout ce qui est. Il ne manque rien, et rien n'est en trop. Miraculeusement tel que c'est.

Ceci – ce qui se produit apparemment – est complet, absolument complet. Le moi apparent suppose que demain cela sera peut-être plus complet, c'est à dire quand il deviendra illuminé. Tout cela est le rêve: Il n'y a pas de demain, il n'y a pas de semaine prochaine. Il n'y a pas de moment suivant, pas de "dans cinq minutes". Il y a simplement ceci. Peut-être y a-t-il des pensées au sujet de la semaine prochaine mais c'est ce qui se produit apparemment. Le rien apparaissant en tant que pensées à propos de la semaine prochaine. C'est l'unité. L'unité apparaissant en tant qu'être assis ici et penser à la semaine prochaine. C'est l'unité et c'est la joie.

Q: Alors est-ce que tu es en train de dire que la présence est tout ce qu'il y a et que tout ce qui vient de la présence est une opportunité pour la séparation de la nommer?

A: Je ne dirais pas qu'il y a la présence et que quelque chose en sort. Je dirais qu'il y a le rien. Si tu l'appelles présence, ça ne me pose pas de problème. Cependant, la présence n'est pas une chose. Alors si la présence apparaît en tant que présence de "je suis", alors "je suis" séparera les choses et les nommera.

Q: Comme la pièce et la chaise.

A: Oui. Alors il y a des choses séparées. Un sol, des corps, un "je" qui vit dans l'un de ces corps, des pensées, des sensations, des fonctions, des processus. Tout semble être des choses séparées. Pas seulement en tant que pensées, mais comme une expérience. "Je suis" est plutôt une structure énergétique. "je suis" vit dans la réalité de la réalité. Au sein de l'expérience c'est totalement clair que tout cela est totalement et uniquement réel.
En fait, le moi apparent catégorise les choses qui n'existent même pas. Alors, s'il qualifie ceci comme étant une pièce, c'est une fausse étiquette. Au sein de l'expérience du "moi", il y a une pièce réelle qui se produit, mais il n'y en a pas. Il n'y a pas de pièce réelle. Il n'y a pas de pièce réelle et séparée. C'est le rêve dans lequel "je suis" vit. Au final, le "moi" vit dans l'idée que s'il pouvait comprendre et tout catégoriser, il en viendrait à mieux comprendre et connaître sa vie et le monde, ce qui encore le conduirait à une meilleure capacité à évoluer dans la vie. C'est un rêve, simplement parce qu'il n'y a pas de choses. Il n'y a pas plus de monde réel que de vie réelle. Alors, on pourrait dire que le moi apparent veut comprendre quelque chose qui n'existe pas. D'ailleurs cela inclut aussi le moi apparent. C'est voué à l'échec.

Q: Je pense à mon travail. Dès l'instant où il y a une tentative de percevoir, on quitte déjà ce qu'on essaie de percevoir.

A: Oui, la perception est un rêve. Le moi apparent vit dans la perception. "Je suis ici et il y a la souffrance.", par exemple. Dans cette structure, celui qui perçoit, l'acte de percevoir et ce qui est

perçu semblent être trois choses expérimentées, des choses séparées. "Je perçois la peine qui s'empare de moi.".
Ce dont on parle ici est la mort de celui qui perçoit. La mort de ce qui fait l'expérience de lui-même en tant que "je vis". Dans cette mort la perception prend fin.

Q: Tu as mentionné la souffrance. Si tu voulais changer cette situation en réduisant la souffrance ou en changeant le schéma de cette souffrance, la perception ne servirait à rien dans ce cas ?

A: Non. Au sein de l'histoire, la perception semble être utile.

Q: Y a-t-il quelque chose qui est utile ici?

A: Non.

Q: Mais dans l'absence de quelque chose qui est utile, est-ce que la souffrance change ?

A: Bien sûr, le changement peut apparaître. Pour le moi apparent vivre dans la finalité est la réalité. Dans la libération toute cette structure de la finalité disparaît aussi. Cependant, des médicaments peuvent être pris, voir un docteur ou un guérisseur peut apparaître. Mais avec "je suis", l'illusion qu'il y a quelqu'un qui dépend d'une action personnelle disparaît. Le moi apparent fait l'expérience de la souffrance comme n'étant pas une expression de l'unité (parce qu'il en fait l'expérience). C'est pourquoi il suppose que l'unité est dans la libération de la douleur. Ensuite il semble y avoir un objectif réel en vue de changer la douleur.
Sans le moi la libération est de toute évidence illusoire. Oui, ensuite la souffrance pourrait disparaître, mais fondamentalement, ce n'est pas plus satisfaisant que la souffrance.

Q: Quand ton fils était sur le sol, qu'il était perturbé et contrarié, il y a eu une réponse.

A: Oui, apparemment. C'est la vie. C'est le rien apparaissant en tant que cela. Et oui, il n'y a pas de personne réalisée. Ce qui est aussi le miracle.

Q: Alors, cela ressemblait à un désir de changer cette circonstance.

A: Oui, ça ressembler à ça. Bien que pour moi le mot "désir" est un petit peu étrange. Dans un sens c'est vrai, mais disons que quand il n'y a personne, le désir de changer la souffrance est entier et complet, c'est la vie elle-même, alors que le moi apparent fait l'expérience du désir dans la séparation et attend la satisfaction une fois que le désir est comblé. Il ne peut pas voir que le désir lui-même est l'unité. S'il y a quelqu'un qui en fait l'expérience, il restera dans la séparation avec ce qui est expérimenté. C'est vivre dans l'expérience, la perception et la réalité, ce qui demeure insatisfaisant. Se précipiter vers mon fils est l'unité.

Q: Il n'y avait peut-être pas de pensée.

A: Il n'y en avait peut-être pas. Je ne sais pas.

Q: Il y a eu un mouvement.

A: Apparemment.

Q:Hum...

A: Oui.

Q: Tout n'est qu'apparences, n'est-ce pas ?

A: Oui, tout n'est qu'apparences.

Q: C'est quoi "tout" ?

A: Ceci. Ce qui semble se produire. C'est "tout".

Q: Il n'y a rien d'autre ?

A: Non.

FIN

Qu'est-ce qui reste ? - Rien. Il n'y a rien à réaliser, rien à faire et rien à ne pas faire. Il n'y a pas de message. On ne peut pas le résumer et l'organiser. On ne peut pas l'organiser, simplement parce qu'il n'y a rien de séparé. Tout ce qui déjà est, est "ce" que vous désirez. Tout ce qui déjà est, est indivisé – pas de deux. Il n'y a rien à enlever, rien à vous approprier. Comme je l'ai promis au début, vous n'avez rien gagné. Pas à cause de votre insuffisance, non: simplement parce qu'il n'y a rien à gagner. Bénéfice net: ce qui est. Le rien apparaissant en tant que ceci. C'est ceci. C'est tout ce qui est. Rien à comprendre. Rien à réaliser. Rien à approcher. C'est déjà "là". C'est déjà complet – étonnamment tel que c'est. C'est le miracle, la liberté et la beauté.

Remerciements

Remerciements chaleureux à

Andrew Graham

Brendan Nee

Dorothea Gruß

pour avoir apprécier et procédé à la relecture du manuscrit

Levin Sottru

pour son magnifique travail sur la couverture

Nadine Reichmann et Soham, pour m'avoir soutenu de

tellement de manières différentes

Beaucoup de gratitude également à

Claire et Tony Parsons

pour avoir partagé le message du "secret ouvert"

Traduit de l'anglais par David Vendé.

Apparemment...

...Andreas, né en 1979 en Allemagne, est devenu un chercheur à l'âge de 16 ans. A cet âge il a pris des drogues a été submergé par la la joie et l'extase dont il a fait l'expérience. Après sept ans d'usage intensif de drogues, sa vie a changé. Il s'est sevré mais a commencé à chercher la joie qu'il a ressenti ultérieurement dans le flash, d'une façon plus "naturelle", dans la spiritualité. En 2003 il a rencontré Samarpan qui propose des satsangs en Allemagne et il est devenu son disciple. En 2009 Andreas a rencontré Tony Parsons, avec qui il a vraiment entendu pour la première fois le message de la non-dualité sans compromis. Depuis 2011, encouragé par Tony Parsons, Andreas propose des Entretiens de l'unité à travers le monde.

www.thetimelesswonder.com

Lightning Source UK Ltd.
Milton Keynes UK
UKHW020724051021
391704UK00013BC/1032